David Chytraeus

Kraichgau
De Creichgoia

Heimatverein Kraichgau e.V.
Sonderveröffentlichung Nr. 21

DAVID CHYTRAEUS

Kraichgau
De Creichgoia

Faksimile
der Ausgabe Wittenberg 1561
mit Übersetzung und Nachwort

Zum Chytraeus-Jahr 2000
im Auftrag des
Heimatvereins Kraichgau e.V.
und der Stadt Kraichtal

herausgegeben und
neu übersetzt von
Reinhard Düchting
und Boris Körkel

verlag regionalkultur

Die Reproduktion erfolgte mit freundlicher Genehmigung nach dem Exemplar der Universitätsbibliothek Heidelberg, Mays XXII, 3

Folgende Institutionen haben die Drucklegung dieses Werkes finanziell unterstützt:
Sparkasse Bruchsal-Bretten
Sparkasse Heilbronn.

Die Deutsche Bibliothek – CIP-Einheitsaufnahme
Chyträus, David:
Kraichgau = De Creichgoia / David Chytraeus. - Faks. der Ausg. Wittenberg, 1561 / zum Chytraeus-Jahr 2000 im Auftr. des Heimatvereins Kraichgau e.V. und der Stadt Kraichtal hrsg. und neu übers. von Reinhard Düchting und Boris Körkel. - Ubstadt-Weiher : Verl. Regionalkultur, 1999
(Heimatverein Kraichgau: Sonderveröffentlichung ; Nr. 21)
ISBN 3-89735-100-5

verlag regionalkultur
Stettfelder Str. 11 • 76698 Ubstadt-Weiher • Tel. 07251/69723

Geleitwort

Im Jahr 2000 jährt sich zum 400. Mal der Todestag von David Chytraeus, dem nach Philipp Melanchthon bedeutendsten Kraichgauer Theologen der Reformationszeit. Aus diesem Anlaß entschlossen sich der Heimatverein Kraichgau und die Stadt Kraichtal die berühmte Rede Chytraeus' über den Kraichgau, die dieser nach seinem letzten Besuch im Elternhaus in Menzingen 1558 in lateinischer Sprache vor seinen Studenten in Rostock hielt und drei Jahre später in Wittenberg drucken ließ, neu herauszugeben.

1530 im hohenlohischen Ingelfingen geboren, wuchs David Chytraeus in Menzingen auf, wo sein Vater ab 1531 als evangelischer Pfarrer wirkte, und erhielt dank der Förderung durch den Ortsherrn Peter von Mentzingen seine schulische Ausbildung an der Lateinschule in Gemmingen. Auch im fernen Rostock, wo er als Professor an der Universität lehrte, blieb er bis zu seinem Tode dem Kraichgau innerlich verbunden. Seine Rede ist ein beredtes Zeugnis dieser Verbundenheit. In dankbarer Erinnerung beschrieb er den Kraichgau darin als Modell einer evangelischen Musterlandschaft. Die besondere Bedeutung der Rede liegt aber auf einer anderen Ebene: Sie ist nicht nur die früheste monographische landeskundliche Darstellung des Kraichgaus, sie zählt auch zu den ersten landeskundlichen Darstellungen einer deutschen Region überhaupt. In vieler Hinsicht besitzt sie auch heute noch einen großen Quellenwert.

Die Rede über den Kraichgau wurde erstmals 1907 von dem damaligen Menzinger Pfarrer Otto Becher ins Deutsche übersetzt und mit einem ausführlichen Kommentar versehen. Diese Ausgabe ist seit Jahrzehnten vergriffen und nur noch in wenigen

Bibliotheken einzusehen. Da der Kommentar durch die Forschungen fast eines ganzen Jahrhunderts inhaltlich in weiten Teilen überholt ist, wurde auf einen Nachdruck dieser damals sehr verdienstvollen Ausgabe verzichtet. Für die Neuausgabe der Chytraeus-Rede erstellten Prof. Dr. Reinhard Düchting und Boris Körkel eine neue Übersetzung und schrieben mit ihrem philologisch-historischen Nachwort einen Kommentar, der neue Forschungsergebnisse berücksichtigt und dem heutigen Leser die zum Verständnis notwendigen Informationen liefert. Der Übersetzung wurde die Faksimile-Wiedergabe des Erstdrucks von 1561 vorangestellt, die dem Forscher die Arbeit mit dem lateinischen Text ermöglicht und gleichzeitig einen Einblick in die Buchkultur der Renaissance gewährt.

Der Heimatverein Kraichgau und die Stadt Kraichtal danken Prof. Dr. Reinhard Düchting und Boris Körkel für die sorgfältige Übersetzung und Kommentierung der Chytraeus-Rede. Dank gebührt auch dem verlag regionalkultur, der durch seine redaktionelle Bearbeitung dem Buch eine ansprechende äußere Form gegeben hat.

Im Sommer 1999

Bernd Röcker,
Vorsitzender des
Heimatvereins Kraichgau

Horst Kochendörfer
Bürgermeister der
Stadt Kraichtal

Vorwort

Hiermit wird erstmals eine Reproduktion der ersten Auflage der lateinischen Kraichgau-Rede des David Chytraeus aus dem Jahr 1561 vorgelegt mit wörtlicher Übersetzung, Nachwort und Register, wodurch der Wissenschaft und Heimatforschung das Werk erschlossen wird; das Register verzeichnet alle Namen in allen Graphien. Einige bildliche Darstellungen und textliche Zeugnisse sind beigegeben. Die Kraichgau-Rede ist die früheste literarische Beschreibung dieser Region mit Diskussion der geographischen Lage, des Namens, der Bevölkerung und der adligen Reichsritterschaft und vieler schulischer und kirchlicher Zustände vor 1550; zugleich dankt Chytraeus mit ihr aus dem fernen Rostock seinem Mäzen Peter von Mentzingen und dessen Frau Margarete von Gemmingen sowie seinem Lehrer Philipp Melanchthon.

Die viel benutzte Übersetzung und Erläuterungen von Otto Becher aus dem Jahr 1908 hatten und haben ihre Meriten; sie vermitteln gleichwohl oftmals einen unscharfen Eindruck von den beschriebenen Verhältnissen und genügen nicht mehr historisch-philologischen Anforderungen. Die Druckgeschichte der Rede ist noch nicht geschrieben; die Reproduktion der höchst selten gewordenen ersten Ausgabe eröffnet nun alle Möglichkeiten weiterer Beschäftigung mit der späthumanistischen Land-Beschreibung des Kraichgaus.

Den Text haben wir in einem Lektürekurs des Seminars für Lateinische Philologie des Mittelalters und der Neuzeit der Ruprecht-Karls-Universität Heidelberg im Wintersemester 1998/99 mit den Teilnehmern Albert de Lange, Martin Hellmann, Antje Lipps, Manfred Mindt, Anna Dorothea Süß und Markus M.

Wieland gelesen und behandelt; A. de Lange besorgte uns freundlicherweise eine Kopie der zweiten Auflage Wittenberg 1562 aus der Bibliothek des Melanchthon-Hauses Bretten. In der Kraichgau-Bibliothek in Gochsheim wie in der Bibliothek des Instituts für Fränkisch-Pfälzische Geschichte und Landeskunde der Universität Heidelberg fanden wir die nötige Fachliteratur. Arnold Scheuerbrandt (Geographisches Institut) verbesserte einige wenige Ungenauigkeiten in der Übersetzung; Auskünfte erteilten freundlich und bereitwillig von der Heidelberger Akademie der Wissenschaften Johanna Loehr und Heinz Scheible (Melanchthon-Forschungsstelle), Anneliese Seeliger-Zeiss (Inschriften-Kommission) sowie zu den Graeca Herwig Görgemanns.

Sandhausen, den 26. Februar 1999

Reinhard Düchting und Boris Körkel

allen Geschichtsforschern und Heimatfreunden
studiosis antiquitatis et patriae amantibus

David Chytraeus (1590), Holzschnitt (aus einem Flugblatt)

DE CREICHGOIA, ORATIO.

DAVIDIS CHYTRÆI.

VITEBERGÆ

EXCVDEBAT IOHANNES CRATO.

ANNO M. D. LXI.

ORATIO CONTINENS DESCRIPTIONEM CREICHGOIÆ,

A

DAVIDE CHITRÆO EDITA:

IN HONOREM NOBILIS ET CLA-
rißimi uiri Petri à Menzingen, ut Mœcenati de se optimè merito, mentis gratæ testimonium declararet.

CVM multa de referen-
dæ gratiæ officio, ueteres
Græci quos CREICH-
GOIÆ, de qua orationem
modo instituimus, nomẽ
dedisse consentaneum est sapien-
ter grauissimeq́ monuerint: Tum
uero inprimis erudita & pere-
legans imago est Beneficentiæ, &
Gratitudinis mutuæ, quam in cha-
ritum pictura, ingeniosissime exco-
gitatam, & uenustissimè expressam,

propoſuerunt. Nam in templis gra
tiarum, quæ medio urbium loco con
ſtituebant, tres charitas, uirgines ma=
nibus inter ſe iunctis, pingere ſoliti
ſunt, hac ſpecie, ut una faciem ad in=
tuentis conuerteret, duæ uero reli=
quæ, auerſam à nobis, ad beneficij
autorem referrent. Qua imagine, &
à Deo mutuis officijs homines inter
ſe deuinctos ac copulatos eſſe, & ad
pietatem Deo debitam pertinere
gratitudinem erga bene meritos ſi=
gnificarunt, & quidem pro uno be=
neficio in nos collato, geminam à
nobis gratiam uiciſſim perſolui, ac
reſtitui debere.

Exuſcitent autem nos, ad haben=
dam memori mente, & uoce decla=
randam benemeritis gratiam, non
hæc modò ſapientiſſimorum homi=
num monita, & uenuſtiſſimæ imagi
nes, uerum multo magis ſeueriſſima
uocis diuinæ præcepta, perſpicuo
Dei uerbo expoſita, qui & pœnas
grauiſſimas aduerſus ingratos ſancit,
& præ=

& præmia gratis proponit amplissima. Et hac etiam de caussa nos grati animi officia uult erga homines beneficos exercere, ut ipsi Deo largissima manu omnia in nos bona cumulatè effundenti, gratitudinem debitam, & uoce, & omnibus obedientiæ officijs, ostendamus.

Etsi igitur parentibus & alumnis nostris, ac præceptoribus, qui uitam, uictum, ueræ agnitionis Dei initia, & rectam doctrinam nobis impertiunt, non potest æqualis gratia, nedum gemina, uicissim à nobis reddi: tamen, ut in ueteri uersu est, Et bene apud memores ueteris stat gratia facti. Nam & Deo, & omnibus bonis etiam uoluntas grata probatur, quæ agnoscit & profitetur, se beneficia eximia ab alijs accepisse : ideoque uicissim se eos, uera animi beneuolentia, & omnibus studijs, ac officijs, quæ quidem à se proficisci possint, complecti.

Duo sunt autem uiri, quos ego

omnium in toto genere humano, optimè de me meritos eſſe agnoſco, et quos non ſecus ac parentes ex qui bus natus ſum, uera animi pietate et reuerentia, perpetuò mihi colendos propoſui. Mecœnas uidelicet meus, uir Nobilitate generis, & uirtute prẹſtãs PETRVS A MENZINGEN, qui ſumptus ſtudiorum mihi in Aca demia, Tubingæ, & Vuitebergæ, multos annos uiuenti liberali ac patrio pectore, & larga manu dona= uit. Deinde reuerendus præceptor meus Philippus Melanthon, cui hãc, quantulacunque ea eſt, ingenij cul= turam, et ſi quid eſt, quo aliorum ſtu dijs prodeſſe poſſum, præcipuè ac= ceptum refero. Eoque maiorem gra tiam, & uenerationem me ipſi debe= re profiteor, quo ueræ de Deo do= ctrinæ & bonarum artium eruditio, omnibus cæteris uitæ bonis longius antecellit.

Hoſce duos εὐεργέτας meos, Greich= goia primum naſcentes excepit, & fouit.

fouit. In qua nunc quoque Mœcenas meus Petrus à Mentzingen, domicilium ac ſedem paternam, ſplendidē ſua induſtria ornatam & locupletatam tenet, & authoritate, prudētia & uirtute præ cæteris in tota uicinia floret.

Cum igitur in hac fortunæ tenuitate, non poſſim alio officij genere, benemeritis, quã animi beneuolentia, & qualicunque uoce, ſignificationem gratæ mentis oſtendere: decreui, quia uſitato Scholæ huius more aliquid dicendum erat, de Regionis illius CREICHGOIÆ laudibus, orationem habere.

Quam eō uobis non ingratam fore confido, quia meæ erga benemeritum Mecœnatem gratitudinis teſtimonium erit. Et aliqua continebit illuſtria uirtutum exempla, quæ & propter gloriam Dei celebranda ſunt, & in bonis naturis amorem uirtutis accendunt & confirmant.

Initio autem, ut in regionibus deſcribēdis fieri ſolet, de finibus, ſitu, & nomine Creichgoiæ dicā quæ penē quadranguli figuram obtinet, Cuiꝫ us Septentrionale latus, ſine ulla du bitatione eſt celebre flumen Neccaꝫ rus, Ac in extremis huius lineæ oris duæ inſignes urbes ſitæ ſunt: Heiꝫ delberga, ſedes clariſſimæ Academiæ & aulæ Palatini electoris, & Vuimꝫ pina imperij oppidum, prope quod Coccherus amnis, à Salinis Sueuicis & ab Ingelfinga, ubi me in hanc luꝫ cem edi Deus uoluit delabens, & Iaxta, ex Franciæ finibus defluens, Neccaro miſcentur.

LIMIꝫ tes.

Nec procul inde oppidum Vuinſꝫ berga abeſt, quod paucis retrò annis pro pignore traditum tenuit Plicarꝫ dus à Gemmingen, auus Margaritę, quæ Mecœnatis mei coniunx fuit, uera pietate, amore, et fide coniugali ſimillima, ſed tamen multis uirtutiꝫ bus alijs, & ſecundo ac beato uitæ curſu longe præſtans coniugi Guelꝫ fi, Ducis Bauariæ, quæ cum ante an nos

nos 400, maritus arcem Vuinsberg, in qua obsessus erat, Conrado Cæsari irato dederet, & Imperator mulieribus petentibus concessisset, ut incolumes discederent cum suis rebus, quas ipsæ gestare possēt; relicto muliebri mundo, margaritis, & uestibus preciosis, Maritum suum in humeros sublatum, per media hostium castra extulit, & cæteris nobilium matronis hortatrix fuit, ut ipsæ etiam suos maritos humeris impositos exportarent. Hac pietate, & fide mulierum erga maritos Imperator motus, Principem Guelfum, & cæteros nobiles, quos seuerē punire decreuerat, mulierum uirtuti, & pietati condonauit.

Alterum latus Creichgoiæ, Orienti expositum, ferè idem fluuius Neccarus claudit. Is enim uarijs anfractibus circumiens, initio non amplius 5000 passuum à Danubij fonte, in Sylua Harcinia exortus, cursū suum à meridie in Boream dirigit

uſque ad oppidum Horbam. Vbi
conuerſa fluxione ab occaſu in ortū
fertur, & oppida, Roteburgum, Tu-
bingam Muſarum ſedem amœniſſi-
mam, Nörtingam, Eslingam, impe-
rij urbem præterlabitur. Inde rur-
ſū reflectit ſe ad Boream, & mœnia
Lauffenæ, Heydelbrunnæ, Solymæ
&c. præterit, donec tandem infra
Vuimpinam, initia Syluæ Francicæ,
& montium quos Abnobos Ptole-
mæus nominat, & mœnia Heidel-
bergæ, alluens, curſum abortu in oc-
caſum contorquet, & non procul â
Spira in Rhenum illabitur.

Eſt igitur Orientalis Creichgoiæ
limitis initium Vuimpina, ſeu poti-
us infra hanc Obrica, è regione ripæ,
in cuius ſinu Mosbachium, patria
clariſſimi uiri, & omnis doctrinæ &
uirtutis elegantia politi D. Nicolai
Ciſneri iuris utriuſq; Doctoris, ſitū
eſt. Complectitur itaq; hic orien-
talis limes partem Neccari ab obrica
uſq; ad urbem imperij, quæ â ſalubri
fonte

fonte nomen habet: & inde iugum excelsi,& uini,ac frugum feracissimi & magna pagorum & arcium frequentia ornati montis Heucheli,qui Zaberæ regionem à Creichgoia dirimit.

Ab ortu brumali & meridie,ferè usq; ad portam Harcyniæ, Creichgoia undiquaque cingitur ditione Vuirtenbergensi,cuius incolæ à Ptolemæo Charitini uocantur, qui nunc quidem,χάριτι θεῷ,Ecclesias & Scholas piè constitutas & florentes, sub optimi Principis,Ducis Christopheri patrocinio & tutela possident.

Latus occidentale, à porta Harciniæ ferè usq; ad Rhenum, & ripã Spiræ aduersam,pertinet.Non enim dubium est,partem,seu appendicem Creichgoiæ esse planiciem illam, quæ Prorhenus, uel ripa Rheni uocatur, in quam se Creichgoiæ colles fertilissimi Rhenum uersus demittunt. Nam comes Creichgoiæ olim oppidum Bruxellas tenuit. Cumq;

postre-

poſtremus ex ea familia Epiſcopus Spirenſis, anno Chriſti 1090. creatus eſſet: plurima cis Rhenum, & ultra Rhenum oppida, Eccleſiæ Spirenſi teſtamento donauit.

SITVS. Vt autem exteri etiam, in qua mundi parte Creichgoia ſita ſit, ſcire poſſint, hos quoq; numeros indico. Oppidum Sinshemia, quod ferē umbilicū Creichgoiæ obſidet, ab æquatore diſtat 49 gradus 20. ſcrupula, á primo autem meridiano per inſulas fortunatas tranſeunte abeſt circiter 46 gradus.

Hi numeri exteris quoq; mediocriter eruditis non modō ſitum Creichgoiæ certiſſimē monſtrant, Verū etiam quanto interuallo ab ijs locis, in quibus ipſi uiuunt, diſiuncta ſit.

Continet autem longitudo diametri Creichgoiæ circiter 24 millia paſſuū, ſeu(ut more noſtro ſpatia metimur) ſex milliaria germāica, ab urbe Heidelberga uſq; ab Heilbronnam, patriam reuerendi præceptoris mei,

mei, Doctoris Eberhardi Snepij, qui ſalutares fontes ueræ Euangelij doctrinæ in multis Germaniæ Eccleſijs, & Academijs & Imperij conuentibus, fideliter propagauit.

Nomen Creichgoiæ à gente Græca ortum eſſe ſimilitudo literarum inditio eſt. NOMEN.

Græcos autem colonos, in Germania olim alicubi conſediſſe, non mirabitur, qui cogitabit, proximis annis in Caroli V. exercitu, Græcos equites, Epirotas, in Belgico militaſſe: quorum ductorem uidi ipſe, & de ſtatu Eccleſiarum in Græcia, & ſtudiorum doctrinæ, ac gubernationis politicæ, multa ex eo ſciſcitatus ſum.

Eſt & urbis Spiræ nomẽ græcũ. Nam σπεῖρα ſignificat cohortem.

Fuit enim locus caſtrorum, & ſedes prætorij, ſeu Aulæ Conſtantij Imperatoris, cum aduerſus Alemannos bella in ijs locis gereret. Extat etiam Spiræ uetus monumentũ Conſtan-

Conſtantij,inſculptum in lapide portæ VVormatienſis,ex quo apparet, Conſtantium uel conditorem fuiſſe Vrbis Spiræ,uel certè crebrò iſthic commoratum eſſe.

Inde igitur Colonia Græcorum militum,de cohorte Imperatoris,deducta putatur in feraciſſimum illum agrum Neccaro, & Rheno & iugis Harcinijs concluſum, qui a nouis Colonis græcus γραίων γαῖα ſeu Creich goiæ nomen acceperit.

Ex hac regione, & fortaſſis etiam ſtirpe maioris Conradi II. Imperatoris,ã quo ſplendidiſsima Templi Spirenſis ædificatio cœpta eſt,originem traxerunt. Hos & oppidum Bruxellam ferẽ incoluiſse,& in Gallica etiam Rheni ripa multas arces et oppida tenuiſse, certum eſt. Nam Conradus Imperator Limburgi habitauit, & ſexageſimo poſt obitum Conradi anno, Iohannes comes Greichgoiæ arces & oppida trans Rhenum Keſtenberg, Minſtenſeel, Dides=

Dideſhemum, & alia, Epiſcopo Spi=renſi attribuit.
Ita utranque Rheni ripam, Spiræ Metropoli uicinam, Domini Greichgo=iæ tenuerunt.

Cum autem ingenijs, doctrina, Virtute, humanitate et omnibus ar=tibus ueteres Græci excelluerint: magnum decus eſt gentis Creich=goicæ, ab hac generoſa ſtirpe ortam eſſe.

Quod ſi cui hæc diuinatio de ori=gine nominis longius petita eſſe ui=debitur: delectari tamen nos, & ad ſtudium linguæ & ſapientiæ Græcę, hoc ornatiſſimæ gentis nomīe accen di, & ab ea uirtutum exempla pete=re, ſinat: & ſimul Deo gratias agere, quod hac noſtra ætate, ex oppido Creichgoiæ Bretta, clariſſimum uirū Dominum Philippum Melantho=nem excitauit, qui ſuo labore, aſſidu itate & fide, ſtudia Græcæ linguæ, inprimis Eccleſiæ Dei neceſſaria, in uniuerſam Germaniam propagauit.

Probabi

Probabilius forte aliqui putabũt nominis rationẽ ã fluuiolo peti, quẽ Graïcam incolæ uocant. Qui in finibus Creichgoiæ, non procul à Collegio Maulbrunensi ad stellæ petram exoriens, ab ortu æstiuo uersus occasũ Creichgoiã perlabitur, & oppida Godsheim, Eisã &c. alluens tandem infra Vuersam & Hokenam se in Rhenum exonerat.

Sed hæc de situ, & metis ac nomine Creichgoiæ, satis sit lectorem monuisse. Nunc de natura loci & hominum, de nobilibus familijs, de forma gubernationis Politicæ, Ecclesiarum & scholarum, pauca adiungam.

Nam de ueteribus incolis Creichgoiæ, & superiorum aliquot seculorum historia, quæ nunc commemoranda erat; etsi existimo monumenta aliqua, præsertim in collegio Sinsheimensi extare: tamen cum mihi tantis locorum & temporum interuallis isthinc disiuncto, non satis exploratẽ perspecta sint, & cognita: hortor

hortor ſtudioſos antiquitatis, & pa-triæ amantes, ut memoriam rerum à maioribus geſtarum, ex literis & commentarijs ueteribus conquirant & poſteris impertiant.

Inuenio autem ante annos 450, uirtutis & ſapientiæ laude, floruiſſe comitẽ Creichgoiæ, cui à καλοκαγαθία nomen Vuolframo fuerit. Hic ex Azela Henrici IIII. Imperatoris filia, ſcribitur duos ſuſcepiſſe filios: Seiſolphum, cuius filia quæ à nobilitate nomen habuit Palatino Tubingenſi nupſerit: & Iohannem poſtremum Creichgoiæ comitem, & Epiſcopum Spirenſem, qui, cum fratri ſine liberis defuncto, ſuperſtes eſſet, plurima, quæ ultra, citraque Rhenum tenebat, patrimonij ſui oppida, Eccleſiæ Spirenſi donauit: & quia meminerat Conradum II. Imperatorem ante annos 50, ex ſede familiæ ſuæ, arce Limburgenſi, Spiræ uicina, Monaſterium condidiſſe: ipſe quoque, Sinſhemium, ſedem, ac

B domi-

domicilium uetus comitum Creich-goiæ, in cœnobium conuertit: in quo etiam anno Christi 1104 corpus suum terræ mandari, & quiescere uoluit, donec excitatum à filio Dei rursus domiciliũ animæ redderetur.

Postea imperatores oppida Brettam, Heidelsheim & Epingam Marchioni Badensi, & alijs alios fundos beneficiarios contulerunt.

Nostra uero ætate, hæc angusta, sed feracissima regio, cuius fines paulò antè dimensus sum, adeò populosa, & frequens est, ut multa eius oppida Palatinus Elector, multa Episcopus Spirensis, aliqua Comites Ebersteinij, plurima uerò clarissimi, & opulenti Nobiles, seu Equites teneant, quorum tanta libertas & potentia est, sapientia & uirtute comparata, ut multi ex ijs, solius Imperatoris Romani Iurisdictionem agnoscant, & fundos suos à solius Imperatoris beneficio immediatè accipiant, sed de his postea suo loco dicam prolixius:

prolixius: Nunc ad propositam de natura Terræ,& ædificiorum elegantia orationem reuertar.

Nam singulari beneficio Dei tanta est in tota Creichgoia soli bonitas, ut ferè ubique, sūma ubertate et copia, Vinum, Olyram, Zeam,& alias fruges,& multis in locis, Crocum, et amygdalas gignat. VBERtas Soli.

Multorum literis celebrata est fertilitas Siculi agri,& Bœtici in Hispania, Item Aegyptiaci, & Byzaceni, in quibus terram quotannis, pro uno frumenti modio centenos agricolis refundere, Plinius scribit: sicut etiam in sacra historia legimus Isaacum in agro Geraris uicino centuplum recepisse. Et Herodotus incredibilem campi Babylonici fertilitatem prodidit, qui singulis annis, pro uno modio ducentos, interdum etiam trecentos reddant: & quidem folia tritici & hordei procreent, quæ quatuor digitos latitudine assequantur.

Etſi autem Creichgoiæ campos longẽ his inferiores eſſe fateor: tamẽ cum & natura boni ac pingues ſint, & diligentia culturaque iuuentur: pro ſingulis frumenti medimnis denos, aut duodenos, mediocribus annis, cum fœnore ſatis grandi Agricolis reſtituere, & quarto demum anno conquieſcere ſolent.

Tanta etiam omnium rerum, quę ad ſalubrem & moderatam uictus rationem pertinent, facultas & copia eſt, ut nihil ferẽ homo frugalis & temperans, aliunde inuectum deſideret.

Tota regio amnibus GRAICO, Salſa, Ilyſſo, Nigro, & alijs riuis irrigatur, ex quibus Salſa non procul ã Maulbrunenſi cœnobio emanans, cum Brettæ mœnia alluit & portæ urbis nomen dedit, ad oppida Gundelſam, Edelſheim, Bruxellas, & Foſſas allabens, in Rhenum tandem infunditur. Ilyſſus circiter 2000 paſſus á ſede familiæ Menzingenſis oritur,

tur,& uarijs anfractibus & gyris circumiens, Neccaro tandem miſcetur prope oppidum,quod ab oſtio Neccari nomen habet.

Præterea montibus,uineis, agris, pratis,& ſyluis ita diſtincta eſt Creichgoia, non modò ut uitæ hominũ & animantium neceſſaria largè & copioſè ſuppeditet: uerumetiam, ut ſumma totius regionis, uelut horti perpetui, amœnitas, mirificæ delectationis fructum intuentibus afferat.

Cum igitur tanta ubertas ſit huius oræ,& amœnitas: ſingulari etiã frequentia hominum, oppidorum, pagorum & artium exculta & ornata eſt.

Naturæ hominum non horridæ, non contumaces, non agreſtes, ſed diſciplinæ, uirtutis, ac doctrinæ capaces, & inprimis beneficæ, ac comes ſunt.

Oppida muris cincta in hoc anguſto terræ ſpacio uiginti ſunt.Inter

quos decem comitis Palatini Electo=
ris,tria Epiſcopi Spirenſis unum Im=
perij,Reliqua Equitum ſeu Nobiliũ
ditione tenentur.
Pagi multitudine & elegantia ædifi=
ciorum,quæ habitaculis ac locis ad
uitæ commoditatem rectẽ & ordine
diſtincta ſunt: pleriſq; harum regio=
num oppidis antecellunt. Singuli
ferè pagi,centum,aut 150 domicilia
continent,non circa unam πηγὴν ue=
teri more diſperſa,unde pagis nomẽ
inditum eſſe ſcribunt, ſed ciuitatum
inſtar, contigua, & recto ordine, ac
contigua ſerie inter ſe coagmentata.

Præcipuo autem ſplendore ful=
gent plurimæ ordinis Equeſtris, ſeu
Nobilium domus, quarũ aliæ ſum=
mis montium uerticibus inſiſtunt et
eminent, aliæ in planicie, aut ualli=
bus ſubſidũnt.

Cum autem in Creichgoia circi=
ter ſexaginta familiæ Equeſtres ha=
bitent: tamen inprimis clara & illu=
ſtris eſt Siccingia, & Helmſtetenſis,
&

et Mẽzingiaca & Gẽmingẽsis nobi litas, cui non â me solum, qui benefi- cia à Menzingensi præcipuè domo maxima accepi, partes primæ meri- to ribuũtur, uerũetiam ab omnib. alijs, qui insignem, & Heroicam uir- tutem cum splendore, & opibus con- iunctam plurimi faciunt. Est autem peruetus, & inprimis clara utraq; fa- milia, Gẽmingẽsis & Mẽzingiaca, ex quibus ante annos quingentos legi- mus fortissimos uiros in ludis Tro- ianis, ut uocant, magna cum laude dimicasse. Ac uno, & eodem tempo- re duodecim Equites Auratos ex u- na gente Mẽzingensi celebres fuisse monumenta docent. Etsi uero ad- uersis casibus postea duriter afflicta est, & in angustum redacta hæc fami lia: tamen nostra ætate, fratrum du- orum, Erasmi, & Petri, industria, & uirtute, pristinum decus, & splendo- rem, unà cum uera Euangelij doctri- na recepit.

Nobiles à Menzingẽ.

Fuit enim singularis uirtus, prudentia, grauitas & uerae pietatis ac iusticiae amor eximius in Erasmo à Mentzingen, Philippi filio, qui propter sapientiam, laudatissimo etiam Principi Electori Ludouico, ualde charus fuit, ita ut consilijs ipsius libenter uteretur, & fidei ac iusticiae ipsius, praefecturas aliquot gubernandas deferret.

Dum uerò Erasmus, Reipub. sui principis in pace magna cum fidei, & industriae laude seruit, & subditos suos rectè de deo, & beneficijs Christi doceri curat, & patriam ędificijs, et opibus ornat; Interea Petrus à Menzingen in bellis pro defensione germaniae communis patriae susceptis, summam uirtutis, & fortitudinis bellicae gloriam adeptus est. Cum enim in propugnatione Viennae, quā Solymannus Turcarum imperator anno 1529. obsidione cinxerat, aliquoties hostem fortiter repulisset; insignibus Equitis Aurati, inspectante exercitu, ornatus est.

Petrus à Menzingē.

Postea

Poſtea uerò fratri Eraſmo uita functo, in gubernatione patriæ ſucceſſit, & fratris pietatem, ac conſtantiam in retinenda Euangelij doctrina: iuſticiam, & ſeueritatem in regendis honeſte moribus ſubditorum: clementiam, & facilitatem in recipiendis ſanabilibus, & alendis miſeris: benignitatem in fouendis literarum ſtudijs, & ſcholaſticis ad diſcendum idoneis, longè etiam ſuperauit. Chariſſimum patrem meũ Matthæum, qui ad annos triginta Eccleſiæ illius fidelis paſtor fuit, eximia beneuolentia, & honore proſecutus eſt. Et ſuum erga Eccleſiam, & patrem meum, & bonarum artium ſtudia, amorem ſingularem, cum multis illuſtribus teſtimonijs alijs, tum uerò etiam hoc ſummo beneficio declarauit, Quod me adoleſcentem, & in Academia Tubingenſi aliquandiu, & poſtea integrum ſexennium in Academia Vitebergenſi, doctinæ cœleſtis, & ueteris, ac ueræ Philoſophiæ

Metropoli,uiuentem,benignè & li=
beraliter ſuppeditãs omnes ſumptus
neceſſarios,aluit & fouit. Et poſtea
etiam,cum in hanc Baltici littoris ſa
reptulam Dei uoluntate accerſitus
eſſem ampliſſimis muneribus ali=
quoties ornauit. Fateor autem tan=
tam eſſe huius beneficij magnitudi=
nem,ut nec oratione eam aſſequi,ne
dum re ipſa, & officijs mutuis gra=
tiam debitam referre poſſim.

Sed tamen, ut Dominus Deus
noſter quotidie omnia in nos bona
ſua cumulatè effundens,nulla ã no=
bis ἀντίδωρα requirit alia, quam gra=
tæ mentis celebrationem:ita non du
bito,quin clariſſimus Mecœnas me=
us Petrus ã Mentzingen,quo pro=
pius ad Dei ſimilitudinem bonitate,
& beneficentia, & omnis uirtutis
præſtantia accedit: eò benignius me
am uoluntatem, & mentem accepti
beneficij memorem, & hanc balbu=
tientem animi grati uocemac cele=
brationem ſit probaturus.

Qua

Qua ſimul etiam generoſiſſimæ, & ſanctæ matronæ Margaritæ, coniugis ipſius memoriam gratam cupio conſeruari. Etſi enim nobiliſſimus Mecœnas meus, ſua ſponte, & iudicio grauiſſimo, uirtutes omnes, & in his beneficentiam erga pauperes, & literarum ſtudioſos, ſtudioſè coluit ipſe: tamen ſociam honeſtiſſimorum conſiliorum habuit, ingenio pietate, pudicicia, prudentia, & omni uirtute matronali præſtantem coniugem, Margaritam, uerè margaritum, hoc eſt gemmam, & decus matronarum. Quæ cum à patre ad amorem, & ſtudium pietatis ueræ, à teneris annis aſſuefacta eſſet, ſingulari intentione & aſſiduitate doctrinam de Deo didicerat, & rectè tenebat. Itaque ut Placilla Theodoſij coniunx aſſidua hortatrix fuit marito, ut Eccleſias rectè conſtitui curaret, & ipſa propter beneficentiam, & humanitatem erga miniſtros, & alios pauperes φιλόπτωχος in hiſto-

Margarita von Menzingen.

rijs

riјs nominatur: Ita hæc domina ſin-
gulari amore, & honore miniſteriũ
Euangelij, & Eccleſiæ miniſtros cõ-
plexa eſt, & marito monitrix fuit,
ut conſiderata Dei bonitate, qui lar-
giſſimè proximis annis domum ip-
ſius locupletaſſet: & habita ratione
meritorũ chariſſimi patris mei, quẽ
ſingulari fide, & diligentia multos
annos ipſi, & ſubditis in miniſterio
Eccleſiæ ſciret ſeruijſſe: Denique pro
poſita ante oculos Eccleſiæ ſalute,
cui fortaſſis prodeſſe aliquando ope
ra mea poſſet: non modò ſuos libe-
ros ad doctrinæ ſtudia adhiberet:
uerumetiam me, qui ingenio ad diſ-
cendum mediocriter idoneo eſſe, pu
tabar, in Academijs benignè ac libe-
raliter alendum ſuſciperet.

Si quid igitur ſtudij, & operæ ad
ueræ de Deo doctrinæ, & aliarum
artium propagationem conferre mo
dò poſſum, id magna ex parte huic
ſanctiſſimo pari coniugum Petro à
Menzingen, & Margaridi à Gem-
mingen

mingen grata mente refero acce=ptum. Eſt autem cum primis etiam ampla, & in hiſce locis potens fami=lia Gemmingenſis, cuius præcipu=um decus, & ornamentum proxi=mis annis fuit, pater dominæ Marga ritæ Theodoricus à Gemmingen Plicardi filius: qui cum cæteris uirtu=tibus omnibus, graui & Heroico ui=ro conuenientibus excelluit: tum pri mus in hac regione ueram Euangelij doctinam, inter uarias difficultates, minas & inſidias hoſtium comple=xus eſt, & conſtanter retinuit: ac ad eam propagandam Erhardum Sne=pium Vuinsberga pulſum accerſiuit, & aliquot annos benignè fouit: Et diſceſſurus ex uita mortali hæc præ=cipua mandata liberis dedit, ut & ſtudium ueræ pietatis & religionis, ad quam ab ipſo inſtituti eſſent, ar=denti pectore colerent, & omnibus humanis rebus anteferrent.

Nobiles Gemmin=genſes.

Filius uerò Theodorici, Philippus à Gemmingen ad ueram pietatem,

& cæ=

& cæteras uirtutes à patris exemplo acceptas doctrinam quoq;, & multarum magnarum artium cognitionē adiunxit, ac eruditione, & uirtute sua tantam autoritatem consecutus est, ut ipsius consilijs multi principes utantur, eique præ cæteris omnibus Otho Henricus Elector Palatinus uices suas, primum Ambergæ, quæ superioris Bauariæ Electoris ditioni subiectæ metropolis est, deinde Neoburgi in eo ducatu gubernando commendarit.

Frater etiam Theodorici Vuolffgangus à Gemmingen magna uirtutis, prudentiæ, & pietatis ueræ gloria floruit. Huic eam quoque ob causam gratia à me debetur, quod in ipsius oppido biennium ferè à Reuerendo uiro Domino Vuolfgango Busio Ecclesiæ Gemmingensis pastore, et primo preceptore meo ut patre colendo, ueræ pietatis, & lingue latine, ac Græcæ initia didici, apud quem συμφοιτῆται etiam mei

erant

erant, filij Vuolffgangi à Gemmingen, Theodoricus, & Plicardus, quos nunc non modò patrimonij, uerumetiam pietatis, & uirtutis paternæ hæredes, & possessores esse, magna cum uoluptate audio.

Sunt autem in hac regione sexaginta ferè nobiles & amplæ Equestres familiæ, quarum nomina, & decora præcipua, si recensere uelim, nimis prolixa oratio futura esset.

Aliquas tamen quæ mihi notæ sunt, & sedes Mecœnati meo uicinas tenet, memorabo.

Ter mille passus à Mentzinga meridiem uersus abest Siccingiæ familiæ domus, cui celebritatem summam Francisci uirtus, & industria attulit, Carolo V. adeò probata, ut ex Germania discedens, partem imperij tuendam ipsius fidei, & fortitudini committeret.

Patris uero uirtutem nostro tempore longissimè superat Franciscus Conradus, qui propter excellentem sapien-

ſapientiam, uirtutem, uſum rerum, & in rebus gerendis induſtriam, apud imperatorem Carolum, & plurimos Germaniæ principes magna in autoritate eſt & admiratione.

Illuſtriſſimo Duci Vuirtebergenſi Vlrico ualde probata fuit Bernhardi Goleri, & Vuilhelmi Vuaſſenbachij prudentia, uirtus induſtria, & fides eximia, quam in grauiſſimis deliberationibus, & rebus gerendis ſæpè perſpexerat.

Apud inclytum Electorem Palatinum Rheni omnibus controuerſijs forenſib., quæ in aula diſceptãtur, Iudex principis loco præfectus eſt Eraſmus à Veningen, quam functionem ſingulari cum laude grauitatis, ſapientiæ, æquitatis, & in omni officio diligentiæ, & fidei adminiſtrat.

Excelluit etiam ſapientia & in rebus gerẽdis induſtria, frater Eraſmi, Chriſtopherus à Venningen, qui commu communi nomine omnium princi=pum & ordinũ Augustanæ confessi=oni coniunctorum, legatus ad Re=gem Angliæ missus Caleti ex hac uita decessit.

Præclarè etiam merentur de Re=publica in Electoris Palatini aula Iohannes Plicardus Equitum Magi=ster, & apud illustrissimũ & optimũ principem Vuolffgangum comitem Palatinum, uir sapientia & uirtute excellens Christopherus Landscha=den præfectus curiæ, & alij quos propria uirtus, & industria omni=bus bonis in patria commendat.

Celebris etiam nobilitas, & uir=tus est familię Neibergiæ Helmste=diæ Ernberga, Flehingen, Sterne=fels, Habern, Angeloch, Neukirch, Rossauu, Nippenburch, HOrnek, Seckendorff, Sturmfedern, Talhen, & aliarum de quibus plura hoc in

C loco

loco dicere non decreui, quã singu-
lari integritate, prudentia, & æquita
te, plerosq; magistratus nobiles, etop
pidanos, disciplinam, & mores sub-
ditorum regere. Normam enim gu-
bernationis propositam habent De-
calogum, & alias honestas leges cũ
Decalogo congruentes, & intelligũt
ideo iusticiam in gubernatione ex-
ercendam esse, ut Dei sapientia, &
iusticia in genere humano luceat, ac
ut nostræ mentes consilia, studia, &
actiones omnes in uita priuata, &
ciuili consuetudine uitæ, cum Dei
sapientia in lege expressa conueni-
ant. Atrocibus itaque delictis seue-
ras pœnas irrogant, quibus discerni
honestos & inhonestos in hac uita
Deus præcipit, ut ipsum Deum iu-
stum, & uirtutis amantem esse, &
scelera odisse, ac æternis pœnis uin-
dicaturum esse agnoscamus.

GVBERnatio Politica.

Cum autem ut uerissimè dictũ
est

eſt à Catone: Homines nihil agendo mala agere diſcant: & honeſti labores per ſeſe freni ſint uiciorum, & cupiditatũ: eò etiã minus ſcelerũ ijs in locis exiſtit, quia & domeſtica aſſueſactione, & publicis legib. homines ã prima pueritia ad labores aſſiduos adhibentur. Ac ut in Repub. Attica Solonis lege cantum fuit, ut Areopagitæ inſpectores eſſent uitæ ciuium, & ocioſos punirent: ita in illis oppidis ſinguli patresfamilias & Magiſtratus operam dant, ne domeſtici, & ciues ſui ullum tempus neceſſarijs operis deſtinatum, ignauo, & inerti otio tranſigant.

Quod autem Plato ſcribit, utraq; optima eſſe libertatem moderatam, & ſeruitutem moderatam, utraque peſſima libertatem immoderatam, et ſeruitutem immoderatam, id temperamentũ libertatis honeſtæ, & Deo ac Magiſtratibus debitæ ſeruitutis, *Libertas et ſeruitus ſubditorũ moderata.*

 ſeu

ſeu obedientiæ in pleriſq; Creichgo=iæ ciuitatibus, & pagis, Dei benefi=cio cernitur. Nam & ciues,& Agri=colæ res proprias tenent,et de rebus ſuis pro arbitrio diſponendi,& ope=ras corporis honeſtas eligendi facul=tatem habent, & aduerſus iniurias, & uiolentiam,iuſticia, & fortitudine Magiſtratuum defenduntur.

Eſtque eō maior bonorum & ſa=pientum uirorum ordine Equeſtri & cæterorum Magiſtratuum erga ſubditos comitas,et benignitas,quia agnoſcunt omnes homines diuini=tus ita in ciuili ſocietate diſtinctis officijs inter ſe deuinctos eſſe,& ex=æquari, ut alij alijs ſuam confeſſio=nem de Deo, & exempla uirtutum omnium,& officiorum,quæ Deo,et hominibus debentur, uiua uoce, & factis oſtendere poſſint: itaque non ex ſublimi deſpiciunt inferiores, nec ut beſtias conculcant ſubditos, ſed tanquā tanquam pares, uirtute, & societate Ecclesiæ & salutis æternæ, complectuntur: Intelligunt Deum hac præcipua de causa condidisse homines, & ad ciuilem communitatem in oppidis & pagis coniunxisse, & consociasse, ut in cœtu, & frequentia, alij alios de Deo docere, & doctrinam Euangelij, de uera agnitione Dei, & filij ipsius Domini nostri Iesu Christi, de pijs cultibus Deo præstandis, & de æterna salute consequenda, latius spargere possint, & propagare.

Singulari igitur pietate, diligentia & fide pij gubernatores passim in tota illa regione Ecclesias constituerunt.

Lucet enim Dei beneficio in omnib. ferē Ecclesijs Creichgoiæ pura lux doctrinæ Euangelij, repurgatæ ab omnibus tenebris, erroribus & idolis Pontificijs: Quæ omnium primo, uoce Euangelij taxare, & abo= lere in Creichgoia cœpit Reuerendus uir, Eberhardus Snepius, qui in oppido Guteberga, sub ditione & patrocinio Theodorici â Gemmingen, & postea Vuimpinæ, semina ueræ Euangelij doctrinæ sparsit. Et collegas huius sanctissimi muneris habuit M. Bernhardum Grublerũ, Gemmingæ: & M. Martinum Germanum, Furfeldæ, & Iohannem Gallum, qui iam quadraginta annis, Solisfeldiæ & in tota uicinia, Ecclesiam Dei, uoce salutaris doctrinæ & fidei constantia ac zelo, & omnium uirtutum exemplis gubernauit: & sua authoritate atq; etiam sumptibus & liberalitate, studia doctrinæ ac Scholasticos quorum ingenia literis exculta sperabat Ecclesiæ usui fore, benignè adiuuit & prouexit. Ex quorum numero, cum me quoq; unum fuisse grata mente recorder: ad officium meum pertinere iudicaui, ut

non

non ipse modo memoriam illius beneficij in meo pectore perpetuo conseruarem, uerumetiam publicum debitæ gratitudinis testimoniũ hoc in loco insererem, quod tamen alibi locupletius & prolixius Patrono optimè de me merito exhibebitur.

Nunc ad institutam primorum puræ Euangelij doctrinæ in Creichgoia Doctorum seriem redeo. Nam hi quatuor uiri eodem ferè tempore circa annum Christi 1521 & 1522. prima sincerioris Religionis fundamenta in ea regione iecerunt. Hos secuti sunt VVolffgangus Busius Gemmingensis Ecclesiæ pastor, & collega ipsius Frãciscus Irenęus, cuius non modo pietatem, uerumetiã ingenium & lectionis ac doctrinæ uarietatem, edita Germaniæ descriptio & alia scripta demonstrant. Docuerunt eodem tempore in uicinis oppidis M. Iohannes Rudolphi, & Matthæus pater meus, Menzingiæ:

Nicolaus Trabantius uir doctrina uirtute & fide præstans, Flahingæ. Iohannes Isenmenger Brettæ, Georgius Iunior, M. Petrus Erberman, & Thomas Rana, in oppido Eppingen. M. Melchior Hippouius (qui primum Academiæ Regiomontanę initia docendo adiuuit) in oppido Bischoffsheim. Multi deniq; alij, quorum nomina recensere nimis longum est.

Dei igitur beneficio, & horum præstantium uirorum ministerio & labore, sonat in omnibus Templis eadem uox ueræ doctrinæ de omnibus fidei Christianæ articulis, quæ in libris Prophetarum & Apostolorum, diuinitus tradita, & deinceps in Symbolis, & nostra ætate in confessione Lutheri repetita, & illustrata est: Monentur auditores Deum non aliter uelle agnosci, inuocari, & coli, quam ut doctrina ab ipso tradita docet:

docet: Itaque & fidem, & guberna-
tionem morum, & conſilia rerum
utilium, hac una norma uerbi diuini
regenda eſſe:

Veri enim, & ſummi cultus Dei,
& opera uerè Deo placentia ſunt
non ἐθελοθρησκεῖαι, & cæremoniæ hu-
manæ, ſed ſtudium ueræ de Deo
doctrinæ, Fides, Spes, Inuocatio, gra
tiarum actio, ſedulitas in laboribus
& officijs uocationis, obedientia er-
ga magiſtratus, iuſticia in contracti-
bus, caſtitas, beneficentia, ueritas in
dictis & factis: Has admonitiones
cum aſſiduè audiat populus, mini-
mum in eo contumaciæ, & ſcelerum
comparet: Conueniunt enim ma-
gna frequentia in concionibus pub-
licis, reuerenter, ac attentè uocem
paſtorum audiunt: eamque ad mo-
res ſuos, & actiones regendas tranſ-
ferunt.

Paſtores ipſi, uiri graues, docti, &

C 5 eloquen

eloquentes ſingulari diligentia & fide, Eccleſias ſibi commiſſas uoce Euangelij docent, & regunt, & aduerſus lupos tuentur.

Cumq; diabolus accenſam lucem ſubinde ſparſis opinionibus fanaticis, & hæreſibus excitatis, extinguere conetur: crebrò conueniunt in ſynodis, & de propoſitis controuerſijs doctrinæ, & alijs rebus, ad Eccleſiæ ſalutem pertinentibus, piè, amanter, et placidè, ſine ulla ambitione & rixis, ſententias conferunt, & operã dant, ne ullæ ſectæ in ijs locis graſſentur, & ne puritas ueræ doctrinæ adulterinis opinionibus corrumpatur.

De controuerſijs difficilioribus plerunque ſententiam & iudiciũ D. Brentij ſciſcitati ſunt, cuius excellentem eruditionem, ac ſapientiam ſpiritualem, reuerenter coluerunt, & ad

eius

eius autoritatem & consilia uerbo Dei consentanea semper se aggregarunt.

Vbique etiam in oppidis Creichgoiæ, & plerisque pagis, adiunctæ sunt Ecclesijs Scholæ, in quibus pueri initia linguæ latinæ, Doctrinam de Deo, seu Catechesin, ac explicationes Lutheri, de uerbo ad uerbum ediscunt, quas in templis postea singulis diebus dominicis publicè toto cœtu audiente, pueri & puellæ, à pastore interrogati coguntur recitare.

Hæc examina ubique in omnibus Ecclesijs institui, & constanter retineri, ardentibus uotis optandum est,

Cum autem multæ sint in oppidis Creichgoiæ mediocres Scholæ, in quibus latinæ & Græcæ linguæ & artium dicendi studia uigent, & boni autores, Græci & latini enarrantur,

rantur, inter quas Eppingensis Schola, Rectore doctissimo uiro Leonharto Engelhardo, præ cæteris hoc tempore floret; tamen ad has etiam Academiæ insignis, & florens doctrina omnium artium, quæ Ecclesiæ, & Reipub. sunt necessariæ, accedit: Quam omnium ferè in Germania antiquissimam, laudatissimus princeps Rupertus, pater Ruperti Imperatoris in urbe Heidelberga condidit: Et ante Annos aliquot Inclyti Electores, Fridericus, & Otho Henricus Ruperti illius trinepos, amplissimis reditibus, & eruditissimis in omni doctrinarum genere professoribus locupletauit, quibus conferre fortassis nonullos qui superioribus annis, in ea Academia, eruditionis gloria floruerunt, anteponere autem ferē neminem possumus.

ACADEMIA *Heidelbergensis.*

Magnam ætate sua doctrinæ laudem consecutus est is, qui primus Acade-

Academiæ rector anno Christi 1387 die 17 Nouembris creatus est, & prim a studij literarum fundamenta iecit, Marsilius ab Inghen Parrhisiensis, cuius adhuc libri aliquot Dialectici, & Physici in ueteribus Bibliothecis inueniuntur.

Omnium pulcherrimum postea tempore Philippi principis collegium uirorum eruditione & sapientia præstantium, una Heidelbergæ uixit, quorum singuli singulis Academijs magno præsidio, & ornamento esse poterant.

Rudolphus Agricola, cuius libri Dialectici ingeniosissimè, & elegantissimè scripti, & usum artis eruditè monstrantes, ubique magna cũ doctorum approbatione, et discentium utilitate, leguntur.

Iohannes Capnio, qui primus in Germania

Germania linguæ Ebrę́æ,& Grę́cæ ſtudia excitauit: Is in oppido ad fi=
nes Creichgoiæ ſito, quod a porta Harcyniæ ſyluæ nomen accepit,na=
tus eſt.

Iohannes Dalburgius,Eipſcopus Vangionum, Plinius Iuriſconſul=
tus, cui Topica ſua Rudolphus in=
ſcripſit.

His præſtãtibus uiris aliquanto iu niores fuerunt,Iacobus Vimphelin=
gus, Iohannes Abbas Sparheimen=
ſis,Iodocus Gallus, qui cum eodem principe Philippo familiariter uixe=
runt.

Paucis annis poſt Iohannes Bren tius Theologorum noſtra ætate de=
cus pręcipuum,et Sebaſtianus Mun ſterus,qui propagatione linguæ He=
brę́æ de tota Eccleſia benemeritus eſt,præſtantes uiri aliquãtiſper Hei=
delbergæ commorati ſunt.Et poſtea multis annis doctrinæ cœleſtis ſtu=

dia

dia in ea Schola rexit Henricus Sto-
lo Theologus uera pietate, doctrina
& grauitate excellens.

Iurisprudentię autẽ erudita pręci-
pua lumina hoc tẽpore in illa Aca-
demia sunt Franciscus Balduuinus,
& Nicolaus Cisnerus, â quibus sin-
gulari ingenij solertia, & dexteritate,
diligentia, ac fide singulari, iuuentus
legũ studiosa ad ueros fõtes legũ, &
eruditę antiquitatis, & facilem ac e-
ruditam in discendo ac docendo Me
thodon, & orationis latinæ puritatẽ,
& elegantiam, reuocatur.

Artis medicæ, & mathematũ sci-
entia celebriorem ante paucos an-
nos Academiã illam Iohannes Vir-
dungus reddidit, cuius industria ela-
boratæ extant Fabulæ resolutæ.

Artem medicam eximia cũ laude
fidei, eruditionis, & in medendo peri
tiæ

tiæ,ac felicitatis propagant uiri claris simi Curio,Erastus,& uero Deo,ac Musis clarissimus uates Petrus Lotichius latinam & Græcam linguam, Doctissimi uiri Thomas Rinerus,et Iacobus Micyllus proximis annis sũma cum ingenij & doctrinæ laude propagarunt.

Sunt & cęterorũ Philosophię partiũ ac linguarũ professores fidelissimi,quorũ eruditio et uirtus eximia, & in omni officio fides ac diligentia omnibus bonis probatur.

Peperit etiam ipsa Creichgoia aliquot uiros doctrina pręstantes, qui partim propagatione salutaris doctrinæ,partim consilio, & industria in rebus gerendis,patriam reddiderunt illustrem : sed inter omnes solis instar eminet clarissimum Ecclesiæ Dei,& Reipub. literariæ lumen, D. Philippus Melanthon, quem singulari

lari beneficio Deus ad ueræ de Deo doctrinæ, & omnium ferē artium bonarum instaurationē, & Methodū σωματειδεῖς, ac usum in cōmuni uita monstrandum, hac nostra ętate excitauit.

Cum autem huius uiri ingenio, doctrinæ, benemeritis erga Ecclesiā, & Rempub. & erga me ipsius discipulum, & alios innumerabiles inimitabili beneficentię, nullius etiam eloquentissimi oratio par esse possit: nō suscipiam in huius uiri laudibus celebrandis onus meis uiribus impar.

Sed Filio dei domino nostro Iesu Christo sedenti ad dextram patris, et danti dona hominibus, gratias ago, quod hunc excellentē, fidum & felicem doctorem, Ecclesię suę nostro tempore dedit. Eumq; oro, ut lucem omniū doctrinarū per hoc salutare laudis suę organum accensam, apud nos seruet & ad posteritatē propaget.

Cumq;

Cumq; septem urbes certent de stirpe insignis Homeri, Smyrna, Rodos, Colophon, Salamin, Chius, Argos, Athenę: quantum hoc decus est oppido Creichgoiæ Brettæ, quod Philippum genuit, ã cuius doctrina, ceu fonte perenni, omniũ ferè in his Ecclesijs & scholis docentium ora rigari uidemus.

Etsi enim magna etiam urbium decora & ornamenta sunt uictoriæ bellicę, quarum aliquas nostra ætate oppidum Bretta consecutum est, tamen multò maiorem, & illustriorẽ gloriam Philippi ortus ipsi attulit. Qua de re Hutteni Epigramma extat, quod adscribam.

Fortibus ampla uiris, speciosoq; aucta, triumpho,
Salue Bretta tuo fida reperta Duci.
In te nil timidi potuerunt, cornua Cerui,
Sueua Palatinus contudit arma Leo.
His noua doctiloqui iungit se fama Philippi,
Primus erit uates mœnibus ille tuis.

Oppidum

Oppidum EPPINGEN patria
eſt clariſſimi Iuriſconſulti Doctoris
HARTMANNI CANCELLARII
Palatini, cuius ſapientia, eruditione,
induſtria & fide, multos annos Reſ=
pub. feliciter gubernata eſt. Nunc
in ueſtigia patris, & ſtatione ſua di=
uinitus euocati, ſucceſſit Filius, &
nominis, & ſapientiæ ac uirtutis pa=
ternæ hæres, cuius conſilio & in=
duſtria cum multos annos laudatiſ=
ſimus Elector FRIDERICVS &
in Senatu & Legationibus ad ſum=
mos in Europa Reges uſus ſit: nunc
in ſummo Impeij Romani iudicio
conſeruationem Publicæ pacis &
iuſticiæ adiuuat.

Clariſſimus uir Doctor IERO=
NYMVS GERHARDVS, Illuſtriſſi=
mi Principis VVirtebergenſis uice
Cancellarius, ſapientia & uirtute
excellens, quo ego præceptore pri=
mo TVBINGÆ, & poſtea per=

petuo patrono usus sum: natus est in oppido CREICHGO-IAE HEIDELSEN. Et magna cum ingenij & diligentiæ ac fidei laude pulcherrimam doctrinã de motibus cœlestibus in Academia Tubingensi docet Samuel Siderocrates filius Iohannis Siderocratis, qui in oppido BRETTA Ecclesiam DEI gubernat.

Multos etiam alios commemorabili eruditione uiros genuit Creichgoia, quorum alibi fortè mentio honorificaq; commodius fiet.

Nunc Filium DEI Dominum nostrum IESVM CHRISTVM, qui uoce Euangelij sparsa in omnibus terræ Regionibus, æternam sibi Ecclesiam colligit, toto pectore oro, ut Creichgoiam quoque perpetuò, uerum & tranquillum Ecclesiæ suæ hospitium & domicilium, esse uelit.

DIXI.

EPITAPHIVM NOBILIS DOMINAE MARGARITAE, CONIVGIS VIRI NOBILIS Petri à Menzingen, euocatæ ex hac uita, die 25 Ianuarij. Anno 1550.

QVãuis uita, Dei mortali in corpore donũ est,
Nostráq; diuina membra fouẽtur ope:
Doctrinæ discamus ut hic exordia summæ,
De uera æterni cognitione Dei:
Oppressa est tamen hæc ingenti mole malorum,
Debilis & nunquam uita dolore caret.
Non hic certa quies, non gaudia uera parantur,
Gaudia uenturæ sola relicta scholæ.
Fœlices igitur uerè, ueréq; beati,
In Domino uitam, qui posuere suam.
Vulneribusq; tuis confisi Christe redemptor,
Expectant uitæ gaudia magna nouæ.
Sic Menzingiaci coniunx est mortua Petri,
In Gemmingensi Margaris orta domo.
Semina doctrinæ cupidis hic auribus hausit,
A summa ueniens quam tulit arce Deus.
Puram Euangelij uocem nec fracta reliquit.
Horrendis quanquam sollicitata minis,

D 3 Iustifi=

EPITAPHIVM.

Iustificaq́; fide coluit te maximè Christe,
Et casti mores, mensq́; pudica fuit.
Pectore syncero carum complexa maritum,
Seruabat socij fœdera casta thori.
Sex peperit natos socialis pignora lecti
Est bis fœminea factaq́; prole parens.
Munificis manibus semper releuabat egenos,
Consilio miseris sæpè ferebat opem.
Sæpè aderat grauidis nuribus, partuq́; leuatis
Præbuit ut nutrix officiosa dapes.
Ingenuas artes generosa mente fouebat,
Chytræusq́; ipsi gratus alumnus erat.
Ac postquam in terris uitæ iam stamina rumpi
Agnouit, partus uicta labore graui.
Commendans animam tibi Christe, exordia uitæ
Hausit non dubium speq́; fideq́; nouæ.
Mens igitur patriæ fruitur cœlestis honore,
Hoc tantum tegitur corpus inane solo.

F

I N I

S.

Aufbau der Rede über den Kraichgau

1 Titel

3 **Widmung an Peter von Mentzingen**

Dankesrede
Bild der *drei Grazien*
5 Dank an Peter von Mentzingen und Philipp Melanchthon

8 **Beschreibung**
Grenzen: Kraichgau als *Viereck*
Weiber von Weinsberg
12 Geographische Lage und Maße
Sinsheim als *Nabel* des Kraichgaus
13 Name
16 Aus der frühen Geschichte
19 Fruchtbarkeit des Bodens
20 Flüsse
21 Kraichgau als *ewiger Garten*
Menschenschlag
Städte und Dörfer
22 Kraichgauer Ritterschaft
23 Mentzingen
24 Peter von Mentzingen
27 Margarete von Gemmingen
29 Gemmingen
31 Andere Familien
34 Herrschaftsform
37 Frömmigkeit, Kirchen, Geistlichkeit, Reformation
43 Schulen

Übersetzung

(1) David Chytraeus

Rede über den Kraichgau

Wittenberg
Druck und Verlag Johannes Krafft

1561

(3) Beschreibung des Kraichgaus. Eine Rede herausgegeben von David Chytraeus zu Ehren des edlen und hochberühmten Peter von Mentzingen, womit er seinem Mäzen, der sich um ihn so sehr verdient gemacht hat, ein Zeugnis der Dankbarkeit gibt.

Wenn die alten Griechen, die nach übereinstimmender Meinung dem Kraichgau, über den zu reden wir uns nun vornehmen, den Namen gegeben haben, weise und sehr ernsthaft vieles über die Pflicht zu erstattenden Danks erinnert haben, so ist es vornehmlich das gelehrte und sehr geistvolle Bild der Wohltätigkeit und wechselseitigen Dankbarkeit, welches sie höchst ingenuös ausgedacht und aufs schönste ausgedrückt im Emblem der Grazien (4) gefaßt haben. Denn in den Tempeln der Grazien, die sie mitten in den Städten bauten, pflegten sie drei Grazien als Mädchen Hand in Hand zu malen derart, daß eine ihr Gesicht zum Betrachter wendet, die beiden übrigen ihr von uns abgewandtes auf den Urheber der Wohltat richten; mit welchem Emblem sie bedeutet haben, daß sowohl die Menschen von Gott in wechselseitigen Pflichten untereinander gebunden und geeint sind als auch daß zur Gott schuldigen Frömmigkeit Dankbarkeit gehört gegenüber Wohltätern und daß gewiß für eine uns erteilte Wohltat von uns ein doppelter Dank als Wechsel geleistet und erstattet werden muß.

Es möchten uns nun zum notwendigen Erinnern und Aussprechen des Danks gegenüber Wohltätern nicht nur die Gedanken der hochweisen Alten und noch so schöne Bilder erregen, sondern und noch viel mehr die so ernsten Gebote der göttlichen Stimme, im klaren Wort Gottes gegeben, der sowohl schwerste Strafen gegen Undankbare festsetzt (5) als auch reichsten Lohn den Dankbaren verheißt. Und aus diesem Grund sollen wir nach seinem Willen die Pflichten eines dankbaren Sinns gegenüber denen, die uns wohl taten, erwidern, daß wir Gott selbst, der

Peter von Mentzingen (?), nach einem verschollenen Ölgemälde des frühen 17. Jahrhunderts

Lucas Cranach d. Jg., Philipp Melanchthon (um 1560), Holzschnitt

mit reichlichster Hand auf uns alle Güter häuft und ausgießt, schuldige Dankbarkeit sowohl mit Wort als auch allen Pflichten des Gehorsams erweisen. Wenn auch von uns den Eltern und unseren Förderern, auch Erziehern, die Leben, Unterhalt, Anfänge wahrer Gotteserkenntnis und rechte Lehre uns vermittelt haben, nicht gleicher Dank, geschweige denn doppelter im Wechsel vergolten werden kann, so ist doch nach dem alten Vers

mir unvergessen der Dank für alte Wohltat.

Denn ein sowohl Gott als auch allen Menschen dankbarer Wille ist dann glaubhaft, wenn er erkennt und bekennt, von anderen große Wohltaten empfangen zu haben, und darum nun sie umarmt in wahrem Wohlwollen des Herzens und mit jeglichem Eifer und aller sich nur abzuringenden Anstrengung.

Zwei Männer nun sind es, die ich (6) unter allen Menschen als um mich bestens verdient erkennen muß und welche auf immer nicht anders als meine Eltern mit wahrer Herzensgüte und Hochachtung zu verehren ich mir vorgenommen habe: nämlich meinen Mäzen, adligen Geschlechts und herausragend durch seine Tüchtigkeit, Peter von Mentzingen, der mir über viele Jahre Stipendien zum Studium an den Universitäten in Tübingen und Wittenberg freiherzig wie ein Vater und großzügig gegeben hat. Und dann mein verehrter Lehrer Philipp Melanchthon, von dem ich diese Ausbildung des Geistes, wie gering auch immer sie sein mag, womit ich womöglich den Studien anderer nützlich sein kann, erhalten habe und schulde. Ich bekenne, daß ich umso größeren Dank und Verehrung ihm schulde, je weiter ja die Kenntnis wahrer Gotteslehre und der guten Künste alle sonstigen Güter des Lebens übersteigt.

Eben diese meine beiden Wohltäter (euergetai) hat der Kraichgau geboren und alsobald umfangen und (7) behütet; wo auch jetzt noch mein Mäzen Peter von Mentzingen Wohnung und väterlichen Sitz hat, schön und mit eigenem Fleiß geschmückt und ausgestattet, und durch Autorität, Klugheit und Tüchtigkeit vor andern ringsum angesehen ist. Weil ich nun bei meinen bescheidenen Verhältnissen den Wohltätern nicht anders als wohlwollend und mit Worten wie auch immer ein Zeichen dankbaren Sinns zeigen kann, habe ich beschlossen, weil nach dem Usus dieser Schule eine Rede anstand, eine solche zu halten vom Lob jener Gegend, eben des Kraichgaus. Ich vertraue darauf, daß sie Euch darum nicht unwillkommen sein wird, weil sie ein Zeugnis meiner Dankbarkeit gegenüber dem wohltätigen Mäzen sein wird; enthalten wird sie auch einige herrliche Beispiele von Taten, die sowohl wegen der Herrlichkeit Gottes zu preisen sind als auch in guten Naturen die Liebe zu einer solchen Tat anzünden und festigen.

Anfangs nun, wie immer bei Beschreibungen von Landschaften (8), muß ich sprechen von den Grenzen, der Lage, dem Namen des Kraichgaus, der ungefähr die Figur eines Rechtecks ausmacht. Seine nördliche Seite bildet zweifelsohne der bekannte Neckarfluß, und an den äußersten Punkten dieser Linie liegen zwei berühmte Städte: Heidelberg, berühmter Sitz einer Universität des kurfürstlichen Hofs, und die Reichsstadt Wimpfen, nahe derer der Kocher vom schwäbischen Hall und Ingelfingen herfließend, wo ich nach Gottes Willen ans Licht der Welt kommen sollte, und die Jagst vom Frankenwald her in den Neckar münden. Unweit liegt Weinsberg, das vor wenigen Jahren Pleikard von Gemmingen als Pfandschaft erhalten hat, der Großvater der Margarete, der Frau meines Mäzens, einer Frau an wahrer Frömmigkeit, Liebe und ehelicher Treue ganz gleich der Frau des Welf, des Herzogs von Bayern, doch durch viele andere Tugenden und einen glücklichen und seligen Lebenslauf sie weit überragend; das war die Frau, die, als vor vierhundert Jahren (9) ihr Mann die Burg Weinsberg, in der er belagert wurde, dem erzürnten Kaiser Konrad übergeben mußte und als der Kaiser den flehenden Weibern eingeräumt hatte, daß sie unversehrt abziehen könnten mit dem, was sie selbst tragen konnten, ihren weiblichen Schmuck, Perlen und kostbare Gewänder zurückließ, ihren Mann auf die Schulter nahm und mitten durch die Reihen der Feinde heraustrug und die übrigen Damen von Adel ermahnte, daß auch sie ihre Männer auf den Schultern heraustrügen. Durch solche Liebe und Treue der Frauen gegenüber ihren Männern gerührt, verzieh der Kaiser dem Fürsten Welf und den übrigen Adligen, die er streng zu bestrafen beschlossen hatte, eben aufgrund des Mutes und der Liebe der Frauen.

Die andere Seite des Kraichgaus, nach Osten hin, schließt ungefähr derselbe Neckarfluß ab. In verschiedenen Windungen laufend, hat er seinen Ursprung nicht mehr als fünftausend Schritte vom Quell der Donau im Schwarzwald und richtet seinen Lauf von Süden nach Norden (10) bis zur Stadt Horb, wo er dann seine Richtung ändert und von Westen nach Osten fließt und die Städte Rottenburg, Tübingen, den so schönen Musensitz, Nürtingen und die Reichsstadt Esslingen berührt. Von dort wiederum wendet er sich nach Norden und läuft an den Mauern von Lauffen, Heilbronn, Neckarsulm usf. vorbei, bis er schließlich flußabwärts bei Wimpfen die Anfänge des Frankenwalds und der Berge, welche Ptolemaeus Abnobi nennt, und die Mauern von Heidelberg bespült, seinen Lauf von Ost nach West dreht und nicht weit von Speyer in den Rhein fließt.

Anfang der östlichen Grenze des Kraichgaus ist Wimpfen oder eher flußabwärts Obrigheim gegenüber dem Ufer, in dessen Biegung Mosbach gelegen ist, die Heimat des so glänzenden und an Geschmack sowohl in jeder Lehre, als auch Tüchtigkeit gebildeten Nikolaus Cisner, des Doktors beider Rechte. Die östliche Grenze bildet also der Teil des Neckars von Obrigheim bis zur Reichsstadt, welche von einem heilenden (11) Brunnen ihren

Namen hat, und weiter zum Joch des hohen und an Wein und auch Obst so fruchtbaren und mit vielen Dörfern und Burgen geschmückten Heuchelbergs, der das Zabergäu vom Kraichgau trennt. Im Osten und südlich fast bis zur Pforte des Schwarzwalds ist der Kraichgau auf allen Seiten umgeben von württembergischem Gebiet, dessen Bewohner von Ptolemaeus Charitini genannt sind und die nun, durch Gottes Gnade (chariti theou) Kirchen und Schulen, alle gottgefällig gegründet und blühend, unter dem Schutz und Hort des besten Fürsten, des Herzogs Christoph, besitzen.

Die westliche Grenze reicht ungefähr von Pforzheim bis an den Rhein und das Speyer gegenüberliegende Ufer. Es besteht kein Zweifel, daß Teil oder Anhang des Kraichgaus auch jene Ebene ist, die Bruhrain oder Uferrhein heißt, gegen welche die so fruchtbaren Hügel des Kraichgaus dem Rhein zu abfallen. Denn der Graf im Kraichgau hatte einst die Stadt Bruchsal besessen; und als (12) der letzte aus dieser Familie im Jahr 1090 zum Bischof von Speyer gewählt worden war, hat er sehr viele Städte diesseits und jenseits des Rheins der Kirche Speyer testamentarisch vermacht.

Damit aber auch Fremde wissen können, in welcher Weltecke der Kraichgau überhaupt gelegen ist, gebe ich folgende Zahlen an. Die Stadt Sinsheim, welche ungefähr den Nabel des Kraichgaus bildet, ist vom Äquator 49 Grad 20 Minuten entfernt, vom ersten Meridian aber, der durch die Kanarischen Inseln geht, ist sie ungefähr 26 Grad entfernt. Diese Daten zeigen den Fremden, auch den weniger Gebildeten, nicht nur die Lage des Kraichgaus ganz genau an, sondern auch, in welchem Abstand er von den Orten, wo sie selbst leben, entfernt ist. Die Länge des Durchmessers des Kraichgaus macht aber rund 24 Tausend Schritte aus oder, wie wir nach unserer Art die Räume messen, 6 deutsche Meilen, und zwar von der Stadt Heidelberg bis nach Heilbronn, der Heimat meines ehrwürdigen Lehrers (13) Dr. Erhard Schnepf, der die Heilsbrunnen der wahren Lehre des Evangeliums in vielen Kirchen Deutschlands und Universitäten und auf Reichstagen getreulich verbreitet hat.

Die Ähnlichkeit der Buchstaben ist ein Indiz, daß der Name des Kraichgaus vom griechischen Volk herstammt. Nicht wundert sich, daß griechische Kolonisten einst irgendwo in Deutschland gesessen sind, der daran denkt, daß noch jüngst im Heer Karls V. griechische Reiter, Epiroten, in den Niederlanden gekämpft haben; deren Anführer ich selbst gesehen und den ich viel über den Zustand der Kirchen und der gelehrten Studien und auch des Staatswesens in Griechenland ausgefragt habe. Auch der Name der Stadt Speyer ist griechisch, denn *speira* bedeutet Kohorte. Es war ein Lagerort und Sitz des Kriegsrats und des Hofs des Kaisers Konstantin, als er gegen Alemannen Kriege in jenen Gegenden führte. Es gibt auch in Speyer ein altes Denkmal (14) des Konstantin, gemeiselt in Stein am Wormser Tor, aus dem hervorgeht, daß Konstantin entweder Gründer der Stadt Speyer gewesen ist oder mit Sicherheit oft dort verweilt hat. Man nimmt an, daß von dort eine Kolonie griechischer Soldaten von der Kohorte des Kaisers geführt worden ist in jenes so fruchtbare, vom Neckar und Rhein und den Hügeln des Schwarzwalds eingeschlossene Land, das von seinen neuen griechischen Siedlern den Namen Land der Graier (graion gaia) oder Kraichgau bekommen hat. Aus dieser Gegend und vielleicht auch aus diesem Stamm haben die Vorfahren des Kaisers Konrad II., von dem der Prachtbau des Speyerer Doms begonnen worden ist, ihren Ursprung gezogen. Daß sie sowohl die Stadt Bruchsal meistens bewohnt haben als auch auf der französischen Seite des Rheins viele Burgen und Städte gehabt haben, ist gewiß. Denn Kaiser Konrad hat auf der Limburg gewohnt, und im sechzigsten Jahr nach dem Tod Konrads hat Johannes, Graf im Kraichgau, die Burgen und Städte jenseits des Rheins Kestenburg, Meistersel, (15) Deidesheim und andere dem Speyerer Bischof vermacht. Also hatten die Herren des Kraichgaus Besitz auf beiden Rheinseiten in Nachbarschaft des Speyerer Bischofsitzes gehabt. Wenn nun die alten Griechen aber durch Geist, Gelehrsamkeit, Tüchtigkeit, Bildung und alle Künste geglänzt haben, ist das eine große Auszeichnung des Volks im Kraichgau, von so edler Herkunft abzustammen. Wenn einem diese Spekulation über den Ursprung des Namens ziemlich weit hergeholt zu sein scheint, möchte er doch erlauben, daß wir uns daran erfreuen und zu einem Studium der griechischen Sprache und Weisheit durch diesen Namen des so ausgezeichneten Volks entzündet werden und von ihm Muster an Tugenden wünschen, und zugleich Gott Dank sagen, daß er in dieser unserer Zeit aus der Stadt Bretten im Kraichgau den hochberühmten Mann Herrn Philipp Melanchthon erweckt hat, der mit seiner Arbeit, Ausdauer und Glaubenstreue die Studien der griechischen Sprache, die so nötig sind für die Kirche Gottes, in ganz Deutschland verbreitet hat. (16) Einige werden denken, daß die Erklärung des Namens wohl mit mehr Wahrscheinlichkeit von dem Bach herrührt, den die Leute Kraich nennen. Dieser entspringt noch innerhalb der Grenzen des Kraichgaus nicht fern vom Kloster Maulbronn bei Sternenfels, durchläuft dann von Südosten nach Westen den Kraichgau, bespült die Städte Gochsheim, Öwisheim und andere und ergießt sich schließlich südlich von Wersau und Hockenheim in den Rhein.

Dies sei nun genug zur Information des Lesers über die Lage und die Grenzen und den Namen des Kraichgaus. Nun will ich über die Natur der Gegend und der Menschen, von den Adelsfamilien, über die Herrschaftsform und die der Kirchen und Schulen Weniges anführen. Wiewohl ich denke, daß einige Dokumente über die frühen Bewohner des Kraichgaus und die Geschichte einiger früherer Jahrhunderte, welche hier zu erinnern wäre, vor allem im Stift Sinsheim liegen müssen, die mir aber, da ich in so großer Entfernung an Ort und Zeit von dort getrennt bin, nicht genug erforscht, einsichtig und bekannt sind, (17) ermahne ich alle Geschichtsforscher und Heimatfreunde, daß sie die Erinnerung an Taten der Vorfahren aus Briefen und alten Darstellungen aufspüren und so den Nachkommen mitteilen. Ich finde aber, daß vor vierhundertfünfzig Jahren in löblicher Tüchtigkeit und Weisheit ein Graf im Kraichgau geglänzt hat, der von sittlicher Güte (kalokagathia) den Name Wolfram hatte. Dieser hatte nach schriftlichen Nachrichten von Azela, der Tochter des Kaisers Heinrich IV., zwei Söhne: Zeisolf, dessen Tochter, die vom Adel ihren Namen hatte, den Tübinger Pfalzgrafen geheiratet hatte, und Johannes, den letzten Grafen im Kraichgau und Bischof von Speyer, der als Überlebender nach dem kinderlos verstorbenen Bruder sehr viele Städte seines Hausgutes jenseits und diesseits des Rheins der Kirche von Speyer geschenkt hat. Und der, weil er sich erinnerte, daß Kaiser Konrad II. fünfzig Jahre zuvor aus dem Sitz seiner Familie, der Speyer nahen Burg Limburg, ein Kloster gegründet hat, nun auch selbst Sinsheim, Sitz und (18) altes Domizil der Grafen im Kraichgau, in ein Kloster verwandelte, in welchem er auch im Jahre Christi 1104 seinen Leib der Erde übergeben haben und ruhen lassen wollte, bis dieser auferweckt vom Sohn Gottes wiederum zu einem Gehäuse der Seele gemacht würde. Später haben Kaiser die Städte Bretten, Heidelsheim und Eppingen dem Markgrafen von Baden und andere Lehensgüter anderen übertragen. Zu unserer Zeit aber ist diese schmale aber höchst fruchtbare Region, deren Grenzen ich ein wenig früher ausgemessen habe, so sehr bevölkert, daß viele ihrer Städte der Pfälzer Kurfürst, viele der Bischof von Speyer, einige die Grafen von Eberstein, die meisten aber die sehr berühmten und mächtigen Adligen und Ritter besitzen, deren Freiheit und Macht aufgrund ihrer Weisheit und Tüchtigkeit so groß ist, daß viele von ihnen die Rechtssprechung einzig des Römischen Kaisers anerkennen und ihre Güter unmittelbar als Lehen nur von dem Kaiser annehmen. Doch von denen will ich später an gehörigem Ort sprechen und dort (19) ausführlicher.

Jetzt will ich zum beabsichtigten Redeteil über die Natur des Landes und die Schönheit seiner Gebäude zurückkehren. Denn es ist ja durch einzigartige Güte Gottes im ganzen Kraichgau die Qualität des Bodens so groß, daß er fast überall in höchstem Reichtum und Fülle Wein, Einkorn, Dinkel und andere Früchte und vielerorts Safran und Mandeln hervorbringt. In den Schriften vieler Autoren wird die Fruchtbarkeit des Bodens von Sizilien, auch des baetischen in Spanien, desgleichen des ägyptischen und des byzazischen gerühmt, wo nach Plinius die Erde alljährlich für einen Scheffel Getreide den Bauern hundert einbringt; wie wir auch in der Heiligen Schrift lesen, daß Isaak auf dem Acker nahe Gerar das hundertfache empfangen hat. Und Herodot hat die unglaubliche Fruchtbarkeit des babylonischen Ackers überliefert, der Jahr für Jahr für einen Scheffel zweihundert, manchmal auch dreihundert zurückgibt und wahrhaftig Weizen und Gerstenblätter hervorbringt, die eine Breite von vier Fingern erreichen. (20) Obwohl ich bekennen muß, daß die Felder des Kraichgaus diesen weit unterlegen sind, pflegen sie dennoch, da sie sowohl von Natur gut wie auch fett sind, als auch weil ihnen mit Fleiß und Bewirtschaftung nachgeholfen wird, in mäßigen Jahren den Bauern für je sechs Scheffel Getreide zehn oder zwölf zu erbringen als einen ziemlich großen Ertrag, und im vierten Jahr schließlich läßt man sie ruhen. Die Habe und Menge an allen Dingen, die zu einer gesunden und mäßigen Ernährung gehören, ist so groß, daß der genügsame und bescheidene Mensch fast nichts woandersher einzuführen auch nur wünscht.

Die ganze Gegend wird von Flüsschen bewässert, dem Kraichbach, der Salzach, der Elsenz, der Schwarzach und anderen Bächen, von denen die Salzach nicht fern vom Kloster Maulbronn entspringt, die dann, wenn sie die Mauern von Bretten bespült und einem Tor der Stadt ihren Namen gegeben hat, zu den Orten Gondelsheim, Heidelsheim, Bruchsal und Graben fließt und sich schließlich in den Rhein ergießt. Die Elsenz entspringt rund zweitausend Schritte vom Sitz der Familie Mentzingen (21) und läuft in verschiedenen Krümmungen und Windungen und vermischt sich endlich mit dem Neckar bei der Stadt, welche vom Neckarmund ihren Namen hat. Im Übrigen ist der Kraichgau so abwechslungsreich durch Berge, Weingärten, Felder, Wiesen und Wälder, daß er nicht nur, was zum Leben der Menschen und der Tiere nötig ist, reichlich und in Fülle zur Verfügung stellt, sondern er ist so, daß die größte Lieblichkeit der ganzen Landschaft wie eines ewigen Gartens denen, die ihn betrachten, einen Genuß wundervoller Lust gewährt.

Der Charakter der Menschen ist nicht abschreckend, sie sind nicht widerspenstig, nicht ungehobelt, vielmehr voll Disziplin, Tüchtigkeit und bildungsfähig und vor allem wohltätig und leutselig.

In diesem schmalen Landraum sind zwanzig Städte ummauert, von welchen (22) zehn zum Herrschaftsbereich des Pfalzgrafen Kurfürst, drei des Bischofs von Speyer, eine des Reichs, die übrigen der Ritter oder des Adels gehören. Die Dörfer übertreffen durch die Menge und Schönheit der Gebäude, welche zur Bequemlichkeit des Lebens mit Wohnräumen recht und ordentlich ausgestattet sind, die meisten Städte hiesiger Gegend. Fast jedes einzelne Dorf hat hundert oder hundertfünfzig Häuser, nicht nach alter Weise um einen Brunnen (pägä) zerstreut, woher nach manchen Schriftstellern den Dörfern (pagi) der Name gekommen ist, sondern gleich Städten nah aneinander und in geregelter Ordnung und auch unter sich in enger Folge aneinandergereiht. In einem herausragenden Glanz leuchten sehr viele Häuser des Ritterordens oder des Adels, von denen einzelne auf sehr hohen Berggipfeln stehen und dadurch herausragen, andere in der Ebene oder in Tälern liegen.

Wenn nun aber im Kraichgau rund sechzig Ritterfamilien wohnen, so ist es dennoch vor allem der glänzende und berühmte Adel der Sickinger, Helmstatter, (23) Mentzinger und Gemminger, dem nicht von mir allein, der ich von dem Hause Mentzingen bevorzugt größte Wohltaten empfangen habe, ein erster Rang mit Recht gebührt, sondern auch von allen anderen, die seine ausgezeichnete und mit Glanz und Macht verbundene heroische Ritterlichkeit hochschätzen. Da sind auch die Familien Gemmingen und Mentzingen, beide sehr alt und hochberühmt, aus welchen, wie man liest, vor fünfhundert Jahren tapferste Männer in sogenannten trojanischen Spielen mit großem Lob gekämpft haben.

Zeugnisse lehren, daß sogar zu ein und derselben Zeit zwölf Goldene Ritter aus dem einen Stamm Mentzingen berühmt gewesen seien. Und wiewohl durch widrige Umstände später diese Familie hart bedrängt worden und in Notlage gebracht worden ist, hat sie dennoch in unsrer Zeit durch den Fleiß und die Tüchtigkeit der beiden Brüder Erasmus und Peter den früheren Ruhm und Glanz zusammen mit der wahren Lehre des Evangeliums zurückgewonnen. Es war nämlich einzigartige Ritterlichkeit, Klugheit (24), Würde und außerordentliche Liebe zu wahrer Frömmigkeit und Gerechtigkeit in Erasmus von Mentzingen, Sohn des Philipp, der aufgrund seiner Verständigkeit dem hochlöblichen Kurfürsten Ludwig sehr lieb war, so daß er sich dessen Ratschlägen gern bediente und dessen Treue und Gerechtigkeitssinn die Verwaltung einiger Ämter übertrug. Während nun Erasmus dem Staat seines Fürsten in großem Frieden mit Lob der Treue und des Fleisses dient und seine Untertanen recht über Gott und die Wohltaten Christi belehren läßt und die Heimat mit Gebäuden und Wohlstand schmückt, hat mittlerweile Peter von Mentzingen in Kriegen, die zur Verteidigung des allgemeinen deutschen Vaterlandes zu führen waren, höchsten Ruhm in Tapferkeit und kriegerischer Stärke erlangt. Als nämlich bei der Verteidigung Wiens, welches Süleyman der Türkenkaiser im Jahre 1529 mit Belagerung umgeben hatte, er einige Male den Feind tapfer zurück getrieben hatte, ist er mit den Insignien eines Goldenen Ritters im Angesicht des ganzen Heers ausgezeichnet worden.

(25) Später folgte er dann dem verstorbenen Bruder Erasmus in der Regierung des Landes und übertraf sogar noch bei weitem die Frömmigkeit des Bruders, dessen Festigkeit in der Erhaltung der evangelischen Lehre, dessen Gerechtigkeit und Strenge, den Lebenswandel der Untergebenen nach sittlichen Grundsätzen zu leiten, dessen Milde und Bereitschaft, sich den Kranken anzunehmen und die Armen zu speisen, dessen großzügige Förderung der Wissenschaften und lernbegabter Schüler. Meinen teuersten Vater Matthäus, der dreißig Jahre treuer Pfarrer seiner Kirche gewesen ist, hat er mit außerordentlichem Wohlwollen und Ehrerbietung behandelt. Und seine einzigartige Liebe gegen Kirche und meinen Vater sowie wissenschaftliche Studien zeigte er neben vielen anderen verschiedenen Zeugnissen auch in jener größten Wohltat, daß er, damit ich als Jüngling eine Zeit lang auf der Universität Tübingen und danach volle sechs Jahre auf der Universität in Wittenberg, der (26) Metropole der Theologie und der alten wie auch wahren Philosophie, leben konnte, freigebig und großzügig alle anfallenden Kosten auf sich nahm, mich nährte und förderte. Und auch später noch, als ich in dieses Klein-Sarepta an der baltischen Küste durch Gottes Wille gerufen ward, überhäufte er mich einigemal mit reichsten Zuwendungen. Ich bekenne auch, daß seine Güte so groß ist, daß ich sie weder mit Worten einholen, noch gar durch eine Tat und durch Dienste meinerseits ihm den schuldigen Dank entrichten kann. Aber dennoch, wie der Herr unser Gott täglich all seine Güte auf uns

häuft und ausschüttet und von uns keine anderen Gegengaben (antidora) als den Preis eines dankbaren Gemüts verlangt, so zweifle ich nicht, daß mein hochberühmter Mäzen Peter von Mentzingen meinen Willen und meinen der empfangenen Wohltat bewußten Sinn und diese stammelnde Rede meines dankbaren Geistes als Dankpreis desto mehr gutheißen wird, je näher er selbst zur Ähnlichkeit Gottes durch Güte und Wohltun und Vortrefflichkeit in jeder Tugend schon gekommen ist.

(27) Zugleich wünsche ich dadurch auch seiner Gemahlin, der so edlen und sittenreinen Frau Margarete, ein dankbares Andenken zu bewahren. Denn obgleich mein so edler Mäzen aus eigenem Antrieb und mit gereiftem Urteil all die Tugenden, besonders seine Milde gegen die Armen und gegen die Studenten der Wissenschaften, eifrig pflegte, hatte er doch als Gefährtin bei den ehrenwertesten Ratschlüssen seine durch frommen Geist, Züchtigkeit, Klugheit und jede frauliche Tugend ausgezeichnete Gemahlin Margarete, wahrlich ein *margaritum*, also eine Perle und Zierde aller Frauen. Diese hatte, weil sie von zartem Alter an vom Vater an Liebe und Studium der wahren Frömmigkeit gewöhnt worden war, mit seltenem Eifer und Beharrlichkeit die Lehre von Gott gelernt und hielt recht daran fest. Und so wie Flacilla, die Frau des Theodosius, dem Mann eine beharrliche Mahnerin war, daß er recht Kirchen zu gründen sich bemühe, und sie selbst wegen ihrer Güte und Menschlichkeit gegen Diener und alle Armen Armenfreundin (philoptochos) in den (28) Geschichtsbüchern genannt wird, so hat auch diese Herrin hier in einzigartiger Liebe und Ehre den Dienst am Evangelium und die Diener der Kirche liebend umfaßt und war ihrem Mann eine Mahnerin, daß er der Güte Gottes gedenke, der großzügig in den letzten Jahren sein Haus reich beschenkt hatte, und daß er immer wisse von den Verdiensten meines teuersten Vaters, der mit einzigartiger Treue und Sorgfalt ihm selbst und seinen Unter-

gebenen kirchlich gedient hatte, und daß er schließlich angesichts des Heils der Kirche, welcher irgendwann vielleicht meine Arbeit nützen könne, nicht nur die eigenen Kinder zum Studium der Lehre anhalten, sondern auch mich, der ich für einigermaßen begabt zum Lernen gehalten wurde, gütig und freigebig an Hochschulen ausbilden solle. Wenn ich also zur Weiterführung des Studiums und der Bemühung um die wahre Lehre von Gott und um die anderen Wissenschaften irgend etwas nur beitragen kann, so bekenne ich dankbaren Sinnes, daß ich dies zum großen Teil diesem beiderseits so sittenreinen Ehepaar Peter von Mentzingen und Margarete von Gemmingen (29) verdanke.

Zu den ersten Familien zählt auch das weitverzweigte und in dieser Gegend mächtige Geschlecht derer von Gemmingen, deren außerordentliche Zier und Schmuck in vergangenen Jahren der Vater der Margarete, Dietrich von Gemmingen, Sohn des Pleikard, war, welcher sich durch all die vielen sonstigen, einem starken und heldenhaften Mann zukommenden Tugenden auszeichnete, und trotz mancher Schwierigkeiten, Drohungen und Nachstellungen der Feinde als erster in dieser Landschaft die wahre evangelische Lehre angenommen und fest behauptet hat; und zu deren Ausbreitung hat er den aus Weinsberg vertriebenen Erhard Schnepf berufen und ihn über einige Jahre gütig gefördert. Und als er sterben sollte, gab er seinen Kindern vorzügliche Weisungen, darunter daß sie das Studium der wahren Frömmigkeit und Religion, zu welcher sie von ihm selbst erzogen worden seien, mit brennendem Herzen ehren und allen menschlichen Dingen vorziehen sollen.

Der Sohn aber des Dietrich, Philipp von Gemmingen, verband mit der wahren Frömmigkeit (30) und sonstigen Tugenden, die er durch das Vorbild seines Vaters erworben hatte, noch Gelehrsamkeit und Kenntnis in vielen der bedeutenden Wissenschaften und gewann dazu durch seine Bildung und Tüchtigkeit so großes Ansehen, daß viele Fürsten sich seines Rats bedienten und ihm besonders der Pfälzer Kurfürst Ottheinrich zuerst in Amberg, was die Hauptstadt der unter der Herrschaft des Kurfürsten stehenden Oberpfalz ist, dann in Neuburg, seine Stellvertretung und dadurch die Regierung des Herzogtums anvertraute.

Auch der Bruder dieses Dietrich, Wolfgang von Gemmingen, glänzte herrlich durch Ritterlichkeit, Klugheit und wahre Frömmigkeit. Auch ihm schulde ich Dank dafür, daß ich in seiner Stadt beinahe zwei Jahre vom ehrwürdigen Mann Herrn Wolfgang Buss, dem Pfarrer der Kirche von Gemmingen und meinem ersten Lehrer, den ich wie einen Vater ehren muß, die Anfänge der wahren Frömmigkeit und der lateinischen als auch griechischen Sprache gelernt habe, bei welchem auch meine Mitschüler (symphoitätai) (31) Dietrich und Pleikard, die Söhne des Wolf von Gemmingen, waren, von denen ich mit großer Freude höre, daß sie nun nicht allein Erben und Besitzer des väterlichen Gutes, sondern auch der väterlichen Frömmigkeit und Ritterlichkeit sind.

Es gibt aber in dieser Gegend fast sechzig adlige und weitverzweigte Ritterfamilien, so daß meine Rede, wenn ich deren Namen und außergewöhnliche Leistungen durchgehen wollte, allzu ausschweifend würde. Einige, die mir gut bekannt sind und die ihren Sitz nicht weit von meinem Mäzen haben, will ich erwähnen. Dreitausend Schritt von Menzingen gegen Süden liegt das Haus der Familie von Sickingen, welcher höchste Berühmtheit die Ritterlichkeit und Tüchtigkeit des Franz verschafft haben; sie war von Karl V. so sehr geschätzt, daß er ihm, als er aus Deutschland abzog, einen Teil des Reichsschutzes anvertraute. Die Tugend des Vaters übertrifft zu unserer Zeit sogar um einiges Franz Konrad, der wegen herausragender (32) Weisheit, Tapferkeit, Sachkenntnis und Tüchtigkeit in Regierungsangelegenheiten beim Kaiser Karl und bei den meisten deutschen Fürsten in hohem Ansehen und Bewunderung steht.

Große Achtung fanden Klugheit, Tüchtigkeit, Fleiß und ganz ungewöhnliche Treue eines Bernhard Göler und Wilhelm Massenbach bei Ulrich, dem Herzog von Württemberg, der ihre Qualitäten bei schwierigen Erwägungen und in Regierungsgeschäften oft kennengelernt hatte.

Beim berühmten Kurfürsten von der Pfalz bei Rhein ist bei allen gerichtlichen Streitfragen, die am Hofe entschieden werden, Erasmus von Venningen erster Richter an des Fürsten statt, welches Amt er in höchst löblicher Strenge, Weisheit, Billigkeit, Sorgfalt in jeder Aufgabe und Treue versieht. Auch der Bruder des Erasmus, Christoph von Venningen, hat sich durch Weisheit und Tüchtigkeit in diplomatischen Geschäften ausgezeichnet, der (33) im gemeinsamen Namen aller Fürsten und der der Augsburger Konfession zugehörigen Stände zum englischen König geschickt wurde und in Calais aus diesem Leben schied.

Besonders hat sich auch Johann Pleikard am Hofe des Pfälzer Kurfürsten als Stallmeister um das Gemeinwesen verdient gemacht und der an Weisheit und Tugend hervorragende Christoph von Landschad als Hofmeister beim hochberühmten und besten Pfalzgrafen Wolfgang sowie weitere, welche eigene Tüchtigkeit und Fleiß allen Guten im Vaterland empfiehlt.

Berühmt sind auch Adel und Ritterlichkeit der Familien von Neipperg, Helmstatt, Ehrenberg, Flehingen, Sternenfels, Habern, Angelloch, Neukirch, Rossau, Nippenburg, Horneck, Seckendorf, Sturmfeder, Talheim und andere, über die ich an dieser (34) Stelle nicht mehr sagen will, als daß sie mit seltener Integrität, Klugheit, Ausgewogenheit, die meisten als adlige und städtische Beamte, über Zucht und Sitte der Untergebenen wachen.

Als Norm der Regierung haben sie sich nämlich den Dekalog vor Augen gehalten und andere ehrenwerte Gesetze, die mit dem Dekalog übereinstimmen, und sie verstehen daher, daß Gerechtigkeit im Regiment walten muß, so daß die Weisheit und Gerechtigkeit Gottes im Menschengeschlecht leuchte, und daß auch unsere Sinne, Ratschlüsse und alle unsere Taten, sei es im privaten oder öffentlichen Leben, mit der im Gesetz ausgedrückten Weisheit Gottes übereinstimmen sollen. Für schlimme Verbrechen verhängen sie deshalb schwere Strafen, wodurch Gott uns lehrt, in diesem Leben die Gerechten von den Ungerechten zu scheiden, damit wir erkennen, daß Gott selbst gerecht ist und Rechtschaffenheit liebt, dagegen Verbrechen verabscheut und mit ewigen Strafen heimsuchen will. Weil aber, wie ganz richtig gesagt (35) ist von Cato, die Menschen durch Müßiggang Böses treiben lernen und ehrliche Arbeit an sich schon ein Zügel der Laster und Begierden ist, deshalb gibt es auch an jenen Orten weniger Verbrechen, da dort die Menschen von früher Kindheit an durch häusliche Gewöhnung und öffentliche Gesetze zu ständiger Arbeit angehalten werden. Und wie in der attischen Demokratie im Gesetz des Solon sichergestellt war, daß die Areopagiten über das Leben der Bürger wachen und die Müßiggänger bestrafen sollen, so verwenden in jenen Städten auch die einzelnen Familienoberhäupter und die Obrigkeit ihre Mühe darauf, daß weder das Hausgesinde noch Bürger Zeit, die für notwendige Arbeit bestimmt ist, in trägem und lässigem Müßiggang zubringen. Was aber Platon schrieb, daß nämlich jeweils am besten sei, eine gemäßigte Freiheit und eine gemäßigte Knechtschaft, daß jeweils aber am schlimmsten sei eine maßlose Freiheit und eine maßlose Knechtschaft, so wird dieser Mittelweg von ehrbarer Freiheit und einer Gott und der Obrigkeit geschuldeten Knechtschaft (36) und eines Gehorsams in den meisten Gemeinwesen und Dörfern des Kraichgaus durch Gottes Wohltat wirklich vorgefunden.

Denn sowohl Bürger als auch Bauern haben eigenen Besitz und die Möglichkeit, nach freiem Ermessen über ihre Habe zu verfügen sowie sich selbst eine ehrbare Arbeit zu wählen; gegen

Unrecht und Gewalt sind sie durch Gerechtigkeit und Tatkraft ihrer Obrigkeit geschützt.

Leutseligkeit und Güte der guten und weisen Männer vom Ritterstande und der übrigen Obrigkeit gegen ihre Untergebenen sind darum desto größer, weil sie einsehen, daß alle Menschen durch göttliche Fügung in einem bürgerlichen Gemeinwesen mit verschiedenen Pflichten derart verbunden und gleich sind, daß jeder für jeden sein Bekenntnis zu Gott und Beispiele aller Leistungen und Pflichten, die man Gott und den Menschen schuldet, mit lebendigem Wort und in Taten vorzeigen kann. Daher schauen sie nicht aus der Höhe auf Niedere herab und mißachten die Untergebenen nicht wie Vieh, sondern (37) begreifen sie als ihnen gleich an Tugend und in der Gemeinschaft der Kirche und des ewigen Heils. Sie erkennen, daß Gott die Menschen hauptsächlich aus jenem Grund erschaffen und sie in bürgerlicher Gemeinschaft in Städten und Dörfern verbunden und zugesellt hat, daß sie im Verein und in der Menge einer den andern über Gott belehren und die Lehre des Evangeliums von der wahren Erkenntnis Gottes und seines Sohnes, unseres Herrn Jesu Christi, von frommen Gottesdiensten und von dem zu erlangenden ewigen Heil weiter ausstreuen und verbreiten können. Also haben die frommen Regierenden mit einzigartiger Frömmigkeit, Sorgfalt und Treue überall in dieser Landschaft Kirchen gegründet.

Das reine Licht der evangelischen Lehre leuchtet nämlich durch Gottes Güte in beinahe allen Kirchen des Kraichgaus, wieder gereinigt von aller Finsternis, Irrtümern und papistischen Götzen; diese hat zuallererst (38) im Kraichgau der ehrwürdige Mann Erhard Schnepf begonnen, mit evangelischer Stimme zu richten und zu beseitigen, welcher in der Burg Guttenberg unter der Botmäßigkeit und dem Schutz des Dietrich von Gemmingen und später in Wimpfen den Samen der wahren evangelischen

Lehre ausgestreut hat. Als Genossen hatte er zu dieser hochheiligen Aufgabe den Magister Bernhard Griebler aus Gemmingen, den Magister Martin Germanus aus Fürfeld und auch Johannes Gallus, der schon vierzig Jahre in Sulzfeld und in der ganzen Umgebung die Kirche Gottes durch die Verkündung der heilsamen Lehre und Beständigkeit des Glaubens, auch durch seinen Eifer und Beispiele in allen Tugenden geleitet hat. Und mit seinem Ansehen und auch mit seinen Mitteln und mit Freigebigkeit hat er das Studium der Lehre und die Schüler gütig unterstützt und gefördert, von deren Begabung, wenn erst einmal in der Wissenschaft ausgebildet, er sich einen zukünftigen Segen für die Kirche versprach. Dankbaren Sinnes erinnere ich mich daran, selbst einer von diesen gewesen zu sein. Ich habe befunden, daß es zu meiner Pflicht gehört, (39) mein Gedenken an jene Wohltat nicht nur in meiner Brust auf immer zu bewahren, sondern auch ein öffentliches Zeugnis geschuldeter Dankbarkeit an dieser Stelle einzufügen, was dem um mich so verdienten besten Patron anderswo reichlicher und weitläufiger dargebracht werden wird.

Nun kehre ich zur begonnenen Reihe der ersten Lehrer der reinen evangelischen Lehre im Kraichgau zurück. Denn diese vier Männer haben etwa um das Jahr 1521 und 1522 die erste Grundlage einer lauteren Frömmigkeit in dieser Gegend gelegt. Ihnen gefolgt sind Wolfgang Buss, der Pfarrer der Kirche in Gemmingen, und sein Kollege Franz Irenicus, dessen nicht allein Frömmigkeit, sondern auch hohe Begabung und große Vielseitigkeit an Belesenheit und Lehren seine veröffentlichte *Beschreibung Deutschlands* und weitere Schriften beweisen. Zu jener Zeit lehrten in benachbarten Städten der Magister Johannes Rudolphi und mein Vater Matthäus in Menzingen, (40) Nikolaus Trabant, ein an Lehre, Tüchtigkeit und Glaubenstreue ausgezeichneter Mann in Flehingen, Johannes Eisenmenger in Bretten, Georg Junior,

Magister Petrus Erbermann und Thomas Frosch in der Stadt Eppingen, Magister Melchior Hippovius (der früh die Anfänge der Lehre an der Universität Königsberg unterstützt hat) in der Stadt (Neckar)bischofsheim, außerdem noch viele andere, deren Namen aufzuzählen zu lang ist.

Durch Gottes Güte also und dieser vortrefflichen Männer Dienst und Arbeit tönt in allen Kirchen die selbe Stimme der wahren Lehre von allen Artikeln des christlichen Glaubens, die in den Büchern der Propheten und Apostel durch göttliche Fügung überliefert ist, und dann in den Symbolen und zu unserer Zeit im lutherischen Bekenntnis wiederholt und hell geworden ist. Die Hörer werden ermahnt, daß Gott nicht anders erkannt, angerufen und verehrt werden will, als es die von ihm selbst überlieferte Lehre (41) lehrt, und daß deswegen sowohl Glaube als auch Lenkung der Sitten und die Planung des alltäglichen Lebens allein von dieser einen Regel des göttlichen Wortes regiert sein müssen. Denn Verehrung des wahren und höchsten Gottes und Werke, die Gott wahrhaft gefallen, sind nicht selbsterwählte Geistlichkeit (ethelothräskeiai) und menschliche Zeremonien, sondern Studium der wahren Lehre von Gott, Glaube, Hoffnung, Anrufung, Danksagung, Fleiß bei der Arbeit und im Beruf, Gehorsam gegen die Obrigkeit, Gerechtigkeit in Geschäftsdingen, Keuschheit, Barmherzigkeit und Wahrhaftigkeit in Rede und Tat. Da das Volk diese Ermahnungen beständig hört, kommen nur wenig Widerspenstigkeit und Freveleien in ihm vor. In großer Menge kommen sie nämlich zu den öffentlichen Gottesdiensten zusammen und hören ehrerbietig und aufmerksam die Stimme der Pfarrer, welche sie auf die Leitung ihrer Sitten und Handlungen einwirken lassen. Die Hirten, selbst ernste, gelehrte und (42) beredsame Männer von einzigartiger Achtsamkeit und Treue, lehren die ihnen überantworteten Gemeinden mit dem Wort des Evangeliums und lenken und schützen ihre Herde vor

Wölfen. Weil aber der Teufel immer wieder versucht, das angezündete Licht durch Ausstreuen von fanatischen Meinungen und durch Erregen von Häresien auszulöschen, kommen sie häufig in Synoden zusammen und beraten die Meinungen über vorgelegte abweichende Lehren und andere Dinge, die mit dem Heil der Kirche zusammenhängen, fromm, liebevoll, friedlich und ohne jede Ehrsucht und Streitereien, und achten darauf, daß in dieser Gegend keine Sekten grassieren und daß die Reinheit der wahren Lehre nicht durch falsche Meinungen korrumpiert wird. Zu schwierigeren Streitfragen haben sie gewöhnlich die Meinung und das Urteil des Herrn Brenz angehört, dessen außergewöhnliche Gelehrsamkeit und geistliche Weisheit sie hoch verehrt haben und unter (43) dessen Autorität und Ratschläge als mit dem Wort Gottes übereinstimmend sie sich immer geschart haben.

Überall in den Städten des Kraichgaus und auch in den meisten Dörfern sind mit den Kirchen Schulen verbunden, in welchen die Knaben die Anfänge der lateinischen Sprache, die Lehre von Gott oder den Katechismus und auch Luthers Erklärungen Wort für Wort auswendig lernen, welche dann Knaben und Mädchen an jedem Sonntag vor versammelter Gemeinde in den Kirchen auf Befragen des Pfarrers aufsagen müssen. Daß diese Prüfungen überall in allen Kirchen eingeführt und beständig beibehalten werden, wäre dringend zu wünschen.

Wenn es auch in den Städten des Kraichgaus viele mittlere Schulen gibt, in denen die Studien der lateinischen und griechischen Sprache und der Redekunst blühen und wo gute griechische und lateinische Autoren gelesen werden, (44) und die Eppinger Schule mit dem hochgelehrten Mann Leonhard Engelhard als Rektor zu unserer Zeit vor allen anderen heraussticht, kommt dennoch die ausgezeichnete Universität dazu, die blüht in der Lehre aller Wissenschaften, die der Kirche und dem Staat nützlich sind, welche beinahe als älteste von allen in Deutschland der hochlöbliche Fürst Ruprecht, Vater des Kaisers Ruprecht, in der Stadt Heidelberg gegründet hat. Und vor einigen Jahren haben die Kurfürsten Friedrich und Ottheinrich, jenes Ruprechts Nachfahr, sie mit gewaltigen Mitteln und mit in jeder Art von Wissenschaft hochgelehrten Professoren reichlich ausgestattet, mit welchen wir vielleicht einige frühere berühmte Gelehrte an der Universität vergleichen, welchen wir jedoch wohl keinen vorziehen könnten. Großes Lob für Lehre hat zu seiner Zeit der erlangt, welcher zum ersten Rektor (45) der Universität am 17. November 1387 gewählt worden ist und die ersten Fundamente des Studiums der Wissenschaften gelegt hat, Marsilius von Inghen aus Paris, von dem noch einige Bücher zur Dialektik und Physik in alten Bibliotheken sich befinden.

Die schönste Versammlung aller gelehrten und weisen Männer hat dann später zur Zeit des Kurfürsten Philipps gleichzeitig in Heidelberg gelebt, von denen jeder einzelne je anderen Universitäten zur großen Stütze und Zierde hätte gereichen können. Da ist Rudolph Agricola, dessen Bücher zur Dialektik, die sowohl höchst ingeniös und elegant geschrieben sind als auch die Anwendung dieser Kunst gelehrt demonstrieren, überall mit großem Beifall der Gelehrten und Nutzen für die Studierenden gelesen werden. Da ist Johannes Reuchlin, der als erster in (46) Deutschland die Forschung des Hebräischen und Griechischen erweckt hat. Er ist in der Stadt am Rande des Kraichgaus geboren, welche von der Pforte des Schwarzwalds ihren Namen genommen hat. Dann Johannes Dalberg, der Bischof von Worms, der Jurist Plieningen, dem der genannte Rudolph seine Topik gewidmet hat. Um diese herausragenden Männer sind deutlich jüngere gewesen, so Jakob Wimpfeling, Johannes, der Abt von Sponheim, und Jodocus Gallus, die mit ebendem Fürsten Philipp vertraut gelebt haben. Wenige Jahre danach haben Johannes

Brenz, die beste Zier der Theologen unserer Zeit, und Sebastian Münster, der durch die Förderung des Hebräischen sich um die ganze Kirche verdient gemacht hat, beides ganz hervorragende Männer, für einige Zeit sich in Heidelberg aufgehalten. Und später hat für viele Jahre die Wissenschaft der himmlischen Lehre (47) an dieser Universität der Theologe Heinrich Stoll, hervorragend an wahrer Frömmigkeit, Gelehrsamkeit und Würde, geleitet. Hervorragende gelehrte Glanzlichter der Jurisprudenz sind zu dieser Zeit an der Universität Franz Balduin und Nikolaus Cisner, von welchen durch einzigartige Geschicktheit und Gewandtheit des Geistes, durch Sorgsamkeit und auch einzigartigen Glauben die das Recht studierende Jugend zu den wahren Quellen der Gesetze und des gelehrten Altertums und zu einer bequemen und doch gelehrten Methode im Lernen und Lehren und Reinheit und Schönheit der lateinischen Rede geführt wird. Vor wenigen Jahren erst hat Johannes Virdung diese Universität ziemlich berühmt gemacht in der Wissenschaft der Medizin und Mathematik, durch dessen Fleiß ausgearbeitete Tabulae resolutae vorliegen. Medizin vertreten weiter mit höchstem Lob an Gewissenhaftigkeit, Gelehrsamkeit und Heilerfahrung (48) und auch Erfolg die hochberühmten Männer Curio, Erastus und der dem wahren Gott und den Musen hochberühmte Dichter Petrus Lotichius; Latein und Griechisch haben die hochgelehrten Männer Thomas Rinerus und Jakob Micyllus in jüngsten Jahren mit höchstem Lob des Geistes und der Lehre vertreten. Es gibt aber auch sonst noch höchst gewissenhafte Professoren der übrigen Teile der Philosophie und der Sprachen, deren Gelehrsamkeit und ungewöhnliche Tüchtigkeit, und in jedem Geschäft Zuverlässigkeit und Fleiß von allen Guten gelobt wird.

Dieser Kraichgau hat auch einige berühmte Gelehrte hervorgebracht, die teils durch Verbreitung der heilsamen Lehre, teils durch Rat und Tatkraft in Geschäften ihre Heimat berühmt gemacht haben; doch unter allen wie die Sonne ragt hervor das herrliche Licht der Kirche Gottes und der Gelehrtenrepublik, Herr Philipp Melanchthon, den in einzigartiger (49) Güte Gott zur Herstellung der wahren Lehre von Gott und fast aller guten Künste und um anschauliche Methoden (somatoeideis m.) und auch den Nutzen im gemeinen Leben zu zeigen, in unserer Zeit auferweckt hat. Da nun aber dem Ingenium dieses Mannes, seiner Lehre, seinen Verdiensten um Kirche und Staat und seiner einmaligen Wohltat gegen mich, seinen Schüler, und unzählige andere keine Rede eines noch so Redegewandten gleichkommt, so will ich mich nicht einer meine Kräfte übersteigenden Aufgabe unterziehen zur gehörigen Feier des Lobs dieses Mannes. Aber dem Sohn Gottes, unserem Herrn Jesus Christus, der da sitzt zur Rechten des Vaters und der den Menschen Gaben gibt, sage ich Dank, daß er diesen herausragenden, treuen und erfolgreichen Lehrer seiner Kirche zu unserer Zeit gegeben hat; und ihn bitte ich, daß er das Licht aller Lehren, das durch dieses segensreiche Instrument seines Lobs angezündet worden ist, bei uns erhalten möge und zu unseren Nachkommen kommen lasse. (50) Wenn

sieben Städte streiten um die Herkunft des großen Homer:
Smyrna, Rhodos, Colophon, Salamis, Chios, Argos, Athen,

wie groß ist dann die Auszeichnung für die Stadt Bretten im Kraichgau, die den Philipp hervorgebracht hat, aus dessen Gelehrsamkeit wie aus einem ewigen Quell der Mund fast aller, die in diesen Kirchen und Schulen lehren, bekanntlich getrunken hat. Denn wenn auch Kriegssiege große Zier und Schmuck der Städte sind, deren manche zu unsrer Zeit die Stadt Bretten erlangt hat, so hat doch einen viel größeren und leuchtenderen Ruhm ihr der Ursprung des Philipp verschafft. Darüber gibt es ein Epigramm des Hutten, das ich anführen will:

Voll tüchtiger Männer und nun durch schönen Triumph bereichert,
treu deinem Herrn – sei gegrüßt, Bretten!
Nichts vermochten gegen dich die Hörner des ängstlichen Hirschs,
das schwäbische Schwert hat zebrochen der pfälzer Löwe.
Damit verbindet sich der frische Ruhm des gelehrten Philipp,
bester Künder deiner Mauern wird er sein.

(51) Die Stadt Eppingen ist Heimat des hochberühmten Rechtsgelehrten, des pfälzer Kanzlers Dr. Hartmann, durch dessen Weisheit, Gelehrsamkeit, Tüchtigkeit und Treue der Staat viele Jahre hindurch erfolgreich regiert wurde. Nun ist in die Fußstapfen des Vaters, der durch Gottes Willen von seinem Posten abberufen wurde, der Sohn gefolgt, Erbe sowohl des Namens, der Weisheit als auch der väterlichen Tugend, von dessen Rat und Tat viele Jahre lang der hochlöbliche Pfälzer Kurfürst Friedrich sowohl im Rat als auch in Gesandtschaften zu den höchsten Königen in Europa Gebrauch gemacht hat; jetzt hilft er im höchsten Gericht des Römischen Reiches bei der Bewahrung des öffentlichen Friedens und des Rechts.

Der hochberühmte Dr. Hieronymus Gerhard, Vizekanzler des erlauchten Württemberger Fürsten, der an Weisheit und Tugend vorzüglich ist, den ich zum ersten Lehrer in Tübingen und später (52) ständigen Patron gehabt habe, ist in der Stadt Heidelsheim im Kraichgau geboren. Und auf der Universität Tübingen lehrt mit großem Lob seiner Begabung und Sorgfalt wie auch Treue die so schöne Wissenschaft von den Himmelsbewegungen Samuel Eisenmenger, Sohn des Johannes Eisenmenger, der in der Stadt Bretten die Kirche Gottes lenkt.

Noch viele andere Männer mit erwähnenswerter Gelehrsamkeit hat der Kraichgau hervorgebracht, deren ehrenvolle Erwähnung aber anderswo wohl passender sein wird.

Nun bitte ich von ganzem Herzen den Sohn Gottes, unsern Herrn Jesus Christus, der mit dem in alle Regionen der Länder gesäten Wort des Evangeliums sich eine ewige Kirche sammelt, daß er wolle, daß der Kraichgau auf ewig ein wahrhaftiges und friedliches Hospiz und Domizil seiner Kirche sei.

Ich habe gesprochen

(53) Grabschrift für die edle Frau Margarete,

Gemahlin des Edlen Peter von Mentzingen, die am 25. Januar 1550 aus diesem Leben abberufen wurde.

Obwohl ein Leben in sterblichem Leib ein Gottesgeschenk ist und unsere Glieder durch göttliche Kraft behütet sind, auf daß wir hier lernten die Anfangsgründe der erhabensten Lehre von wahrer Erkenntnis des ewigen Gottes, [5] so ist doch bedrückt durch gewaltige Last von Gebrechen dieses Leben, kraftlos ist es und nie ohne Schmerz. Sichre Ruh, wahre Freuden sind hier nicht bereitet, solche sind einzig einer künftigen Schule vorbehalten. Wahrhaft glücklich und wahrhaft selig ist, [10] wer sein Leben auf den HErrn gesetzt hat; im Vertrauen auf Deine Wunden, Erlöser Christ, erwarten sie die großen Freuden des neuen Lebens.

So ist nun verstorben die Frau des Peter von Mentzingen, Margarete aus dem Haus Gemmingen. [15] Der Lehre Samen hat sie mit begierigen Ohren aufgenommen, die Gott von seiner Himmelsburg gebracht hat; ungebrochen hat sie die reine Stimme des Evangeliums gelassen. Wiewohl beunruhigt von schrecklichen Drohungen, (54) hat sie in rechter Glaubenstreue Dich, höchster Christus, verehrt, [20] sitten- und sinnenrein. Aufrichtigen Herzens hat sie den geliebten Mann umfaßt und den Bund der Ehe rein bewahrt. Sechs Söhne als Eheunterpfand hat sie geboren und ward Mutter zweier Töchter. [25] Freigiebig half sie stets Bedürftigen auf, brachte durch Rat oft den Elenden Kraft; oft stand sie Schwangeren und Wöchnerinnen bei/ und diente ihnen wie eine Amme. Die edlen Künste hat sie generös gefördert, [30] und Chytraeus war ihr dankbarer Zögling.

Doch als sie erkannt hat, daß der Lebensfaden bald reißt, besiegt von der schweren Müh einer Geburt, befahl sie ihre Seele

Dir, Christus, und kostete voll Glauben und Hoffnung den Beginn neuen Lebens. [35] Ihr Geist genießt also schon die Herrlichkeit der himmlischen Heimat, ihren nichtigen Leib nur deckt diese Erde.

Beigaben

I Philipp Melanchthon

Hochzeits-Carmen für Margarete Smedes und David Chytraeus zum 12. November 1553

Corpus Reformatorum 10 (1842) Sp. 618f

Margaris in conchis oritur dulcedine roris,
nomina quae sponsae Margaris apta dedit.
Rorem evangelii quo pingit nomine Christus,
mens pia quem sitiens ceu nova concha rapit.
Sicut harenoso sitiens in litore concha,
quando suum primum ver modo tempus agit,
siccior a coeli stillantem cardine rorem,
pinguior ut fiat fertilitate, petit,
quo bene nunc hausto (quod et est mirabile dictu)
gemma salutaris cordibus inde venit,
haec tamen in magnis generosior acta procellis,
si modo post rorem turba sequatur, erit:
parva redemptoris sic est ecclesia Christi,
donec in hac mundi colluvione latet.
Appetit e coelo, coelestia dogmata, rorem,
dogmata viventis tradita voce dei.
Hoc sic attracto sitienti in pectore rore
nascitur inque animis mox nova gemma piis,
scilicet agnitio vero de nomine vera
cumque dei surgit firma timore fides.
Aeterni bonitas tunc fit conspecta parentis,
quando fide pectus sentit adesse *logon.*
Haec lux atque fides inter certamina crescit,
cum petit auxilium, maxime Christe, tuum.

Durch Süße des Taus entsteht in Muscheln die Perle, welche auch der Braut den passenden Namen gegeben hat; mit diesem Namen voll Bedeutung bezeichnet Christus den Tau des Evangeliums, den der fromme Sinn wie eine neue Muschel durstig aufnimmt.

[5] Wie nämlich die Muschel voll Durst am Sandstrand, sobald es Frühling wird, ziemlich ausgetrocknet nach Tau vom Himmelsgewölbe verlangt, damit sie fett und fruchtbar wird; und sie dann, wenn er geschlürft ist, zu einer – man muß von einem Wunder sprechen – [10] Herzen heilsamen Perle wird und sie, schon gebeutelt in gewaltigen Stürmen noch edler wird, wenn nur nach dem Tau noch ein Sturm folgt: so ist auch die kleine Gemeinde des Erlösers Christ, solang sie verborgen im Wirrwarr der Welt lebt. [15] Sie verlangt nach dem Himmelstau, den himmlischen Lehren, welche Lehren durchs Wort des lebendigen Gottes überkommen sind. Wenn solcher Tau von ihrem dürstenden Herzen aufgesogen ist, bildet sich in ihrem frommen Sinn alsobald eine neue Perle, nämlich wahre Erkenntnis über ihren wahren Namen, [20] und erhebt sich der Glaube fest aus Gottesfurcht. Dann wird sichtbar die Güte des ewigen Vaters, wenn das Herz im Glauben die Gegenwart des Logos fühlt. Dies Licht, dieser Glaube kann unter Kämpfen wachsen, wenn er dabei deine Hilfe, höchster Christus, erbittet.

Haec quoque contriti cordis data gemma dolori
unica solamen, quod medicatur, habet;
praestat et aeternae verissima gaudia vitae,
gaudia quae nullo sunt moritura die.
Has propter causas ad gemmam dogmata pacis
filius aeterni comparat ipse dei.
Ergo, bonis studiis decus ornatissime, David,
qui vatum merito dignus es ore cani,
cum tua Margaridos coniunx pucherrima nomen
omine tam rebus conveniente gerat,
te decet hoc ipso laetari nomine sponsae,
quod monet, ut Christi dogmata semper ames.

II Sebastian Münster

Cosmographia lat. (1572) Lib. III. Cap. CCCLVI. CLVII

Bruxella in Brureinia

Est Brureinia parva quaedam dicio habens multas egregias villas, quarum caput est oppidum Bruxellae, paruitque olim Wormatiensibus, quando illi habuerunt ducem, cuius palatium postea versum fuit in ecclesiam sancti Pauli. Dux ultimus vocatus fuit Conradus, filius ducis Wernheri, fuitque de sanguine ducum Franconiae; et dedit ei Otto magnus filiam suam Lutgardim uxorem, qui tamen interiit prope Augustam in illa magna pugna, quam idem imperator habuit contra Ungaros, quibus Conradus se adiunxerat, ut supra meminimus. Paulo antea idem Conradus resignaverat iurisdictionem, quam Wormatiae habuerat, comparavitque dicionem Bruxellensem, quam post eius mortem imperator donavit Sigebaldo episcopo Spirensi. Quin et idem Conradus, quum adhuc viveret, contulit episcopatui Spirensi plurima bona, decimas, redditus, telonia vini et salis, ius cudendi monetam,

Diese Perle ist auch dem Schmerz des zerknirschten Herzens gegeben, sie allein bietet Trost, der heilt; sie schenkt auch die einzig wahrhaften Freuden ewigen Lebens, welche Freuden unvergänglich sind. Und darum bereitet der Sohn des ewigen Gottes sich selbst Lehren des Friedens zu einer Perle.

Drum, gelehrtester David, der du aus dem Mund von Dichtern recht würdig besungen wirst, da nun deine so schöne Frau den Namen Margarete träg und seine Bedeutung ihrer Art zukommt, ziemt es dir, sich zu erfreuen solchen Namens der Braut, weil er dich mahnt, die Lehrer Christi immer zu lieben.

et haec rata habuit imperator. Si post hanc resignationem comes Palatinus iurisdictionem aliquam Wormatiae habuerit, priusquam regio Heidelbergensis sibi obvenerit, nescio; nemo enim huius rei facit mentionem.

Adiacet Brureiniae Kreichgoia, terra dives et late patens, cuius agri omnes vino, frumento, plantis, arboribus domesticis et silvestribus omnique eo, quod ad victum pertinet humanum, abundant; sunt praeclara oppida, vicorum multitudo, terra plena colonis et irrigua et, quod praecipuum est, aeris salubritate praedita. Redegit hanc terram Conradus secundus in comitatum ob id, quod parentes eius habitassent Bruxellis. Sed et Iohannes 34. episcopus Spirensis comes Kreichgoiensis donavit bonam partem de sua paterna hereditate episcopatui Spirensi, id quod supra quoque indicavi, ubi de Spirensi urbe feci mentionem.

Anno 1502 orta est prope Bruxellas conspiratio quaedam rusticorum contra superiores, Bruxellas primum occupare volentes; quae cum patefacta esset, dignas suae contumaciae poenas luerunt.

De fertilitate Palatinatus

Nihil, quod ad humanum victum necessarium est, desideratur in Palatinatu, potissimum autem iuxta Heidelbergam extra montes in planitie miram habet terra frumenti ubertatem. In montibus decoquitur generosum vinum, et simul in eisdem crescunt castaneae; in pede montium pulcherrimi plantantur horti, et in planis agris copiosa provenit seges tritici, siliginis, hordei etc. Silvae et montes referti sunt feris, potissimum cervis, quin et incolae plurimos in silvis nutriunt hircos, haedos et capras eo, quod haec animalia potius silvestribus delectantur saltibus quam pratis. A carpendo enim caprae dicuntur, ideoque in lege locationis fundi excipi solet, ne colonus capram in fundo pascat.

Praeterea in Neccaro, qui medium alluit Palatinatum, innumeri per singulos annos capiuntur pisces magni et parvi, maxime autem abundat barbonibus. Descendunt quoque per hunc fluvium continuae lignorum rates ex Ottonica silva, quae ex Neccaro in Rhenum deferuntur atque omnibus civitatibus Rheni a Spira usque Bingium ad portas usque deducuntur.

Est Ottonica silva regio silvestris et montosa, cultura quoque difficilis, licet in quibusdam locis amoenas et fertiles habeat valles, in quibus satis frumenti colligi potest. Incolae pro magna parte victitant ex pecoribus ac deinde ex quaestu lignorum. Provenit quoque in felicioribus eius locis vinum, nempe in Mospach, Weinsperg et Bocksperg. Habet oppida multa, sed plures villas et vicos.

E regione Ottonicae silvae est Kreichgoia, quam Neccarus separat ab ipsa Ottonica silva, numerarique potest Heidelberga

Kreichgoiae, quum ab illa parte Neccari sita sit. Nomen habet haec regio ab amne Kreich, quo alluitur, inhabitaturque a multis nobilibus, quorum nomina sunt Gemminger, Goeler, Venninger, Landschaden, Helmstetter, Siccinger, Sternenfelser, Sturmfeder, Erenberger, Liebensteiner, Flehinger, Neidperger, Hagenbacher, Massenbacher etc. Ultimus comes huius regionis secundum quosdam vocatus fuit Zifholdus, quo mortuo Fridericus secundus dedit Eppingen et Heidelsheim marchionibus, quae oppida postea Palatinatui sunt incorporata.

Prope Heidelbergam est magna copia ardearum, atque ibi in nemore nidificant. Est autem avis aquatilis, quippe quae vivit ex aqua, et tamen horret pluvias et alias tempestates, quas in sublime volans evitare conatur secundum illud Virgilii [Georg. I 364]: –atque altam supra volat ardea nubem.

Vocatur etiam ob id ardea, quod ardua suo volatu petat. Ponit nidum suum in altissimis arboribus et habet naturale odium contra accipitrem seu nisum, sicut vicissim accipiter exitium illius continuo quaerit. Exercentes autem monomachiam in sublimi aere, uterque hoc unum conatur, ut alterum ascendendo superet. Si accipiter altiorem obtinuerit locum, impetu quodam obruit hostem atque exstinguit. Sin ardea superior fuerit, excremento suo foedat accipitrem atque interficit; nam stercus eius est accipitri venenum, computrescunt enim inde pennae eius.

Cosmographei dt. (1550) Lib. III. dcclix f. dcclxiiii f

Bruchsel im Bruorein

Diß ist ein hauptstatt viler vnd grosser doerffer des Bruoreins/ vnd ist vor zeiten gewesen vnder deren von Wormß herschafft/ do sie noch ein hertzogen hetten/ des pallast darnach zuo einer kirchen ward gemacht/ die man ietz heißt zuo S. Paulus. Der letst hertzog hieß Cunrad/ vnd was des gebluets der hertzogen vonn Francken. Es nent sich aber ein hertzogenn von Schwaben/ waz ein sun herrn Wernhers/ vnd vermehelt jm künig Ott sein tochter fraw Lutgarten/ aber er kam vmb im streit so keyser Otto der erst het bey Augspurg wider Vngern. Etlich jar dar vor übergab er die herrschafft so er zuo Wormß hatt/ vnd nam dar gegen die statt Bruchsel. Do er aber vmbkam/ gab sie der keyser dem bischoff zuo Speier mit namen Sigebaldo. Es gab auch gemelter hertzog Conrad bey seinem leben gros guot an den stifft Speier mit verwilligung des Römischen künigs/ zehenden/ zins vnd gülte/ item gerechtikeit müntz zuo schlagen/ zoll von wein/ saltz/ etc. Ob darnach einem Pfaltzgrauen die herlichkeit der statt Wormß übergeben sey/ vor vnd ehe er die statt Heidelberg hat besessen/ hab jch noch bey keinem scribenten gefunden. Es hat nachmals auch keyser Conradt der ander das Kreichgoew in ein graueschafft redigiert von wegen seiner aeltern/ die zuo Bruochsel waren gesessen. Es hat auch Johannes der 34. bischoff zuo Speier ein graue im Kreichgoew/ ein guot theil mit sampt keyser Conraden von dem Kreichgoew geschenckt dem bisthumb zuo Speier/ wie hie fornen bey der statt Speier gemeldet ist. Ja dise zwen soellen die statt Brüchsel dem stifft übergeben haben/ vnd nit hertzog Conrad von Wormß/ wie die ander sprechen.

Anno Christi 1502. erhuob sich bey Brüchsel im dorff vndern Grunbach ein buntschuoch etlicher pauren. Jr fürnemen was jr zal vnd geselschafft meren vnd darnach alle joch der oberkeyt vnd herschafft abzuowerffen. Die statt Brüchsel wolten sie zum ersten ynnemen/ wo sie zuosammen kamend/ erkanten sie einander bey disem warzeichen. Einer sprach. Was ist es nun für ein wesen? Antwurt der ander/ wir moegen vor den pfaffen nit genesen. Sie wurden zertrent/ vnd an manchem ort gericht.

Sebastian Münster, Umgebung Heidelbergs (1528), Einblattdruck

Von fruchtbarkeit der Pfaltz

Man findt in diser lanndschafft so die Pfaltz ietzundt begreifft/ was dem menschen zuo leibs narung vnd auffenthaltung not ist/ vnd sunderlich vmb Heidelberg außerhalb dem gebirg ist das erdtrich auß der massen fruchtbar an den bergen/ in den thaelern vnnd auff der ebne. An den bergen wachßt sunderlich guoter wein vnd kestenbaeum/ die thaeler seind mit mancherley obsgaerten gezierdt/ die ebne bringen allerlei kornfrüchten/ die waeld vnd die berg lauffen vol hirtzen vnd ander wilden thier. Es ziehen auch die ynwoner vil geissen in bergen vnnd waelden.

Jtem im Necker der mitten durch die Pfaltz laufft wirt alle jar ein grosse zal fisch gefangen/ vnd besunder ist er reich an barben. Jch geschweig hie daß man alle jar so vil brennholtz auß dem Otenwald durch den Necker in den Rhein flötzt/ vnd allen stetten am Rhein von Speier an biß vnder Bingen holtz gnuog für die thür bringt.

Der Otenwald ist fast allenthalben rauch vnd birgig mit eitelen waelden überzogen/ wie wol er an manchem ort hübsche vnd fruchtbare thaeler hat do man frucht gnuog pflantzen mag. Die ynwoner erneren sich zum groessern theil von dem holtz vnd von dem viech/ des man vil darin zeucht. Er bringt auch an etlichen orten/ do es nit so gar rauch ist/ wein/ als zuo Mospach/ Weinsperg vnd Bocksperg. Er ist zimlich wol nach seiner gelegenheit erbauwen mit stetten/ flecken vnd kloestern/ wie ich bald haernach weiter schreiben will.

Das Kreichgoew/ so auch zum guoten theyl an die Pfaltz gehoert ist nitt minder fruchtbar dann die gegenheit vmb Heidelberg/ an wein/ früchten vnd geschlachten baeumen. Vnnd wirt also genant von einem wasser das die Kreich heißt vnd da durch es fleußt/ wie du daz verzeichnet sihst in der tafel des Rheinstromß. Auff disem Kreichgoew halten sich vil namhafftig edelleut/ als die Gemminger/ die Goeler/ die Venninger/ die Landschaden/ die Helmstetter/ die Sickinger/ die Sternenfelser/ die Stuormfedernn/ die von Flehingen/ von Neidperg/ von Hagenbach/ von Rosenbach/ von Massenbach/ Erenberg/ Horneck/ Neuwenhauß vnd andere mere. Es hat diese landschafft auch vor zeiten ein besurderen grauen gehabt/ vnnd als der letst mit namen Zeifhold on leibs erben abgieng/ fiel die graueschafft an das Reich/ vnd gab keyser Friderich der ander Eppingen vnd Heidelßheim dem Marggrauen die haernach an die Pfaltz kommen seind. Man findt im Thurnierbuoch/ das anno Christi 1080. die Gemminger vnd Libensteiner zuo Augspurg auff einem Thurnier gewesen seind/ darumb seind es alte geschlechter. Die hauptstatt auff dem Kreichgoew ist Sintzen/ darnach seind andere stett darauff/ als Wisseloch/ Hilspach/ Eppingen/ etc. Etwas weiters von dem Kreichgoew findest du hie fornen bey den stetten Speier vnd Bruchsel.

Du solt auch hie mercken das ob Heidelberg die voegel reyger sich sunderlich gern halten. Es ist ein wasservogel dann er gelebt auß dem wasser/ vnd scheucht doch regen und ongewitter/ des halben er sich hoch über die wolcken in lufft schwingt/ domit er dem ongewitter entrinn. Er nistet bey dem Necker auff hohen baeumen. Er vnd der habich haben ein angebornen haß wider einander/ darumb schiessen sie in den lüfften auffeinander vnd fueren gegen einander ein onablessigen streit/ vnnd vnderstat je einer über den anderen zuo steigen. Vnnd so das dem habich gerat/ scheußt er oben haerab auff den reiger vnnd bringt jn vmb. Mag aber der reiger über den habich kommen/ so sprützt er mit seinem hindern auff den habich/ vnd ist sein kot des habichs gifft/ dann wo er jn beschmeißt vnd veronreinigt/ do faulen jm die federn/ das wissen sie zuo beiden seiten auß angebung der natur/ darumb huet sich der habich ab dem reiger/ vnd der reiger hat kein andere gegenwoere wider den habich dann das beschmeissen. Es hat der reiger nuor ein darm gleich wie der storck/ darumb sprützt er also wan er sein notturfft thuot.

David Chytraeus: Lebenstafel

1530	geboren am 26. Februar in **Ingelfingen** am Kocher (8) als Sohn des lutherischen Pfarrers Matthäus Kochhaf (25f); der Familienname wird für David und seinen jüngeren Bruder Nathan (1543–1598) von griech. χυτρα (= Kochtopf) über χυτραιοσ zu lat. Chytraeus
1531	**Menzingen** Der Vater ist dort *dreißig Jahre* Pfarrer (25) in der Herrschaft des Peter von Mentzingen, Davids späterem *Mäzen* (6)
1537	**Gemmingen** Unterricht an der Lateinschule durch Wolfgang Buss und Franz Irenicus (30, 39)
1539	**Tübingen** Studium am Stift und an der Universität u. a. bei Erhard Schnepf (13), Hieronymus Gerhard (51f) und Joachim Camerarius bis zum Magister artium
1544	**Wittenberg** Studium an der Leucorea *für volle sechs Jahre* (25); hört noch Luther (†1546) und lebt an Sohnes statt (filii loco) bei seinem *Präzeptor* (6) Melanchthon
1546/47	Schmalkaldischer Krieg, in welchen Monaten Chytraeus wohl dem Anführer der *Epiroten* (13), der im Heer Kaiser Karls V. kämpfenden griechischen Reitertruppe, begegnet ist Nach Flucht aus Wittenberg Studium in Heidelberg u. a. bei dem Gräzisten Micyllus (48) und dem Theologen Heinrich Stoll (46f) und in Tübingen u. a. um Schnepf (13)

1548	Rückkehr nach Wittenberg
1550	Tod der Margarete von Gemmingen, der ersten Frau des Peter von Mentzingen; Chytraeus verfaßt ihr Epitaphium (53f), womöglich sein erster poetischer Versuch Italienreise (iter in Italiam et urbem Romam)
1551	**Rostock** Chytraeus findet hier sein Klein-*Sarepta* (26) vorerst am Pädagogium der Universität. Unter den Herzögen von Mecklenburg wirkt er in Rostock und von dort aus bis an sein Lebensende fruchtbar als Theologe, kirchlicher Ratgeber, Schulmann, Literat und Historiker
1553	Heirat mit der Senatorentochter Margarete Smedes; auf die Hochzeit und den Namen der Braut verfaßt Melanchthon ein Epithalamium (18 elegische Distichen, inc. *Margaris in conchis oritur dulcedine roris)*
1555	Immatrikulation an der Theologischen Fakultät
1557	Besuch im Kraichgau beim Vater (†1559)
1558	Rostocker Universitätsrede *De Creichgoia* (erstmals 1561 in Wittenberg publiziert; selbständige veränderte Auflagen zu Lebzeiten 1562, 1563, 1583)
1561	Dr. theol.
1563	erstmals Rektor (und noch vier weitere Male)
1565	Tod des Peter von Mentzingen
1568/69	als kirchenpolitischer Ratgeber nach Niederösterreich und Ungarn
1572	nach Tod seiner ersten Frau (1571) Heirat mit der Kollegentochter Margarete Pegel
1573/74	als kirchenpolitischer Ratgeber in die Steiermark
1582?	letzter Besuch im Kraichgau
1597	zum fünften Mal Rektor

1600 gestorben am 25. Juni, dem Tag des Augsburger Bekenntnisses 1530, dessen Geschichte (*Historia der Augspurgischen Confession* 1576, lat. 1578) er geschrieben hat; vier Tage später beigesetzt in der Jakobi-Kirche.

1601 Vita Davidis Chytraei mit Orationes, Carmina und Encomia (und Leichenpredigt von Lukas Bacmeister) von zahlreichen gelehrten Freunden

Nachwort

Der lutherische Theologe, Kirchenpolitiker und Historiker David Chytraeus (1530–1600) ist im Kraichgau herangewachsen und lebte seit 1551 ein halbes Jahrhundert lang in Rostock; dort hat er 1558 die Kraichgau-Rede gehalten und als früheste Monographie seiner Heimat 1561 in Wittenberg drucken lassen. Den im Mecklenburgischen Verstorbenen ehrten mit Friedrich Taubmann und David Hoeschel und vielen anderen auch aus der Kurpfalz so prominente Köpfe wie Paulus Melissus Schede und Janus Gruter mit poetischen Kränzen.

Von Ingelfingen nach Rostock

Chytraeus, eigentl. Kochhaf, wurde am 26. Februar 1530 im Hohenlohischen, in Ingelfingen am Kocher nahe Künzelsau geboren; die Pfarrfamilie wurde schon 1531 nach Menzingen im Kraichgau verschlagen, wo der Vater Matthäus fast dreißig Jahre lang in der Herrschaft des Peter von Mentzingen segensreich gewirkt hat und seinem offenbar frühreifen hochbegabten Sohn in der Familie, durch befreundete Kollegen und Lehrer besten Unterricht erteilen ließ. Melanchthon war im Alter von zwölf Jahren an der Pfälzer Landesuniversität Heidelberg immatrikuliert worden; David gar wird, erst ein neunjähriger Knabe, Stift und Universität Tübingen in Württemberg übergeben, kommt vierzehnjährig nach Wittenberg in Melanchthons Haus, der „seinen David" wie einen Sohn liebt und fördert und 1551 nach Rostock empfiehlt, um dort die Universität konsolidieren zu helfen und Lehre und Lebensform der Reformation zu propagieren; wiederholte dringende Rufe an andere Universitäten hat

Chytraeus oft schweren Herzens abgelehnt, darunter auch an seine Heimat-Universität Heidelberg. Er wurde zu kirchenpolitisch bedeutenden auswärtigen Konsultationen erbeten und hatte in Rostock genug aufreibende Arbeit im Interessenfeld von Stadt und herzoglicher Familie und zur Abschirmung der rechten Lehre (etwa gegen Matthias Flacius Illyricus); sein jüngerer Bruder Nathan bekennt sich zur Konfession der Reformierten und wirkte viele Jahre neben ihm als Latinist, Bibliothekar und Poeta doctus. Melanchthon wußte, was er an seinem einstigen Hausgenossen im vor der Ostseeküste gelegenen Rostock hatte; rund sechzig Briefe gehen vom Sommer 1551 bis zum letzten vom 31. März 1560 an Chytraeus; drei Wochen später, am 19. April ist der Kompatriot, der alte Präzeptor und theologische Freund aller Lebenslast und allem Wüten der Theologen enthoben. Leider scheinen nur wenige Antwortbriefe des jüngeren Chytraeus nach Wittenberg erhalten.

Mecklenburg brauchte nicht mehr für die Reformation gewonnen zu werden; dorthin aber hatte Melanchthon, der nach Luthers Tod für fünfzehn Jahre die außerordentliche Bürde der theologischen und kirchlichen Repräsentanz des Protestantismus trug, David Chytraeus geschickt, daß er dort aushalte und die Sache des neu gewonnenen und erstrahlenden Lichts des Evangeliums bekenne (III Rg 17. 9):

surge et vade in Sarepta Sidoniorum/
et manebis ibi
mach dich auff vnd gehe gen Zarpath / welche bey Zidon ligt/
vnd bleibe daselbs

De Creichgoia: Rede und Druck

In Rostock, seinem Klein-Sarepta (Sareptula 26), im Rahmen einer Universitätsrede, hat David Chytraeus die Rede über den Kraichgau gehalten. Rund um die Ausgabe von 1583 äußert er brieflich[1], daß er die Rede „vor fünfundzwanzig Jahren nachgezeichnet" hat, also im Jahr 1558; im Herbst zuvor hat er seinen Vater noch einmal in Menzingen besucht und nun aus überwältigender Erinnerung seine und Melanchthons Heimat sowie das Mäzenatentum seines Herrn Peter von Mentzingen, das über Tübingen bis nach Wittenberg und noch Rostock reichte (6, 26), den fernen Mecklenburgern beschrieben.

Die Rede wurde erst 1561 gedruckt und zwar in Wittenberg, womöglich weil in Rostock noch keine griechischen Typen zur Hand waren, die für die rund ein Dutzend gesprochenen und eingesetzten griechischen Wörter benötigt wurden[2]. Die Wittenberger Offizin von Johannes Krafft (Crato) übernimmt den Druck. Krafft hat als Drucker und Verleger verschiedene Signets; hier verwendet er als Signet die Szene der seinen Namen widerspiegelnden legendären und sprichwörtlichen Kraft (fortitudo) des Simson, der einen jungen Löwen als wär er ein Böcklein zerrissen hat (Idc 14. 6), welches neben der C-Initiale (3) über fünf Zeilen und der Kreuzform von FINIS (54) der einzige Schmuck des Drucks ist[3].

Der verhältnismäßig späte Druck nach erst drei Jahren und im wittenbergischen Ausland hat eine ganze Reihe Setzfehler stehen lassen[4], welche die Ausgabe 1562 schon stillschweigend verbessert. Die gesprochene Rede (oratio, Formen von: dicere, vox, auditores) appelliert an den Zuhörer, der Druck an den Leser (ausdrücklich 16); für einen solchen ist das Bretten-Epigramm von Hutten beigeschrieben und erst recht das acht bzw. elf Jahre alte poetische Epitaph auf die 1550 verstorbene Margarete von

Gemmingen, die erste Ehefrau seines Patrons Peter von Mentzingen, der seit 1551 wiederverheiratet war (50, 53f).

Creichgoia illustrata

Die Rede ist gehalten aus dem Motiv einer patriotischen sowie persönlichen und bildungsgeschichtlichen Dankbarkeit; sie steht auch in der Tradition, Länder, Provinzen, Städte zu *illustrieren*. Historische und literarische Quellen werden aus Archiven und Bibliotheken erschlossen, welche die bisher zumeist dunkle, unerschlossene Geschichte des Lands oder Orts beleuchten und erhellen.

Flavio Biondo scheint die Tradition um 1450 in und für Italien bestimmt zu haben; der Historiograph Chytraeus kennt sie, wenn er von den Üblichkeiten bei Beschreibungen von Landschaften (in regionibus describendis 7f) spricht. Die Bemühungen um eine solche Illustration oder Deskription von Deutschland (Germania), des Elsaß (Alsatia) oder von Nürnberg (Norimberga) lagen vor, Schedel hat die *Europa* des Enea Silvio Piccolomini am Schluß seiner Weltchronik abgedruckt; später wird man auch einen *Palatinatus illustratus* oder eine *Bretta illustrata* schreiben. Chytraeus nennt eigens die zwölfbändige *Descriptio* (im Titel des 1518 in Hagenau erschienen Druckes *Exegesis*) *Germaniae* des gelehrten Pfarrers Irenicus aus Ettlingen, der nun 1559 in Gemmingen verstorben war – ein literarisches Beispiel, wie sonst auch hervorragende Leistungen eine Heimat berühmt (patria illustris 48) machen können. Zu einer literarischen Erhellung des Kraichgaus hatten bisher und also vor Chytraeus Ladislaus Sunthaym[5], Irenicus und Sebastian Münster in einigen Kapiteln seiner Cosmographei (1550) beigetragen; Chytraeus selbst war das Genus überdies vertraut durch seine Bearbeitung und Fortsetzung der *Saxonia* des Albert Krantz[6].

Chytraeus empfindet in Rostock schmerzlich, fern von den historischen und literarischen Quellen und der Möglichkeit zu recherchieren, eine Freunde wie Kenner befriedigende Beschreibung des Kraichgaus nicht geben zu können; zudem war er im Alter von vierzehn Jahren für immer aus der näheren Heimat nach Wittenberg und später an die Ostsee gekommen. Er weiß aber, daß in der Bibliothek des Stifts Sinsheim Dokumente (monumenta 16f) liegen, die zu erforschen und zu edieren er jüngere Historiker auffordert; Exemplare von Drucken des dialektischen und naturphilosophischen Schrifttums des Heidelberger Gründungsrektors Marsilius von Inghen weiß er in alten Bibliotheken vorhanden (45). Überhaupt vermerkt Chytraeus gelegentlich Titel und Widmungen: Rudolf Agricola hat seine Topik (= De inventione dialectica) Dietrich von Plieningen gewidmet (45f)[7], beide waren vor Heidelberg schon in Ferrara befreundet; außer der Beschreibung Deutschlands durch Irenicus nennt Chytraeus noch die astronomischen Tabulae resolutae des Johannes Virdung (47) und lebt in Luthers Katechismen und Erklärungen (43).

Zweimal zitiert er Verse, ohne sie als solche zu markieren:

et bene apud memores veteris stat gratia facti

= Vergil, Aen. IV 539, durch *vetus versus* und großgeschriebenes *E(t)* als Vers doch zu erkennen (5), und:

septem urbes certant de stirpe insignis Homeri/
Smyrna, Rhodos, Colophon, Salamis, Chios, Argos, Athenae.

Der Zweizeiler (50), ein Merkvers, scheint seit dem 15. Jahrhundert handschriftlich und in Drucken verbreitet zu sein[8]. Der Hexameter mit den sieben um Homers Geburtsort streitenden

Städten ist auch sonst kontrastiv zur Unumstrittenheit von Bretten als Geburtsort des Reformators Melanchthon zitiert worden; nicht anders hat auch das Epigramm des Ulrich von Hutten (gest. 1523), welches Bretten nach dem dortigen Sieg über Herzog Ulrich von Württemberg 1504 neuerlichen Ruhm durch den aufgehenden gelehrten Stern Melanchthon 1518 zuschreibt, eine kleine Geschichte gehabt[9].

Zweimal zitiert Chytraeus hintereinander in einer Kette der Argumentation und von Exempeln aus drei literarischen Autoritäten: der Naturalis historia des Plinius d. Ält., der Bibel und den Historiae des Herodot (19) sowie staatsbürgerliche Partien aus Cato, Solon und Platon (35)[10]. Chytraeus bringt recht eigentlich keine Anekdoten vor, macht Rede und Darstellung aber wiederholt lebendig durch kleine Reminiszenzen: die Karrieren der Kanzler (51f), die mit der Verleihung der Insignien des Goldenen Sporn hohe Auszeichnung seines Peter von Mentzingen vor Wien 1529 (24), die Begegnung mit dem Anführer der griechischen Epiroten, welche der wissensdurstige David zu Fragen über den Zustand der Ostkirche nutzt (13), über welches Thema er später geschrieben hat. Eine veritable Anekdote ist einzig die Nacherzählung der Episode der Weiber von Weinsberg, um im historischen Vergleich von Weibertreue die Unvergleichlichkeit der Margarete von Gemmingen zu preisen (8f); eine wichtige Spur zur Bekanntheit dieser Reminiszenz aus dem Jahr 1140 im 16. Jahrhundert führt wiederum zu Melanchthon, welcher die Sage in seiner Bearbeitung der Weltchronik des Johannes Nauclerus 1516 abdruckte.

Philipp Melanchthon ist nach Reuchlin für die Mode gelehrter Gräzisierungen der Namen von Kollegen und Schülern im 16. Jahrhundert verantwortlich und hat wohl dem jungen Kochhaf zu seinem Gelehrtennamen verholfen; neben den Graeca in der Rede fallen die Etymologisierungen auf, gelegentlich einsichtig und bloße Übersetzungen von Composita, gelegentlich divinatorisch und weniger probabel, gelegentlich unhaltbar[11].

Rechteck, Nabel, Paradies und wie die Sonne

Die Sprache der Rede und Schrift ist durchweg unpathetisch und informierend; Chytraeus mußte sich über manche geographischen, historischen und prosopographischen Verhältnisse informieren und solche gewonnenen Daten seinen Zuhörern vermitteln. Um so mehr fallen wenige Bilder auf, die teils genaue Bezeichnung, teils von poetischer Schönheit sind.

Der Kraichgau bildet nach Chytraeus die Figur eines Rechtecks (quadranguli figura 8), dessen Nabel gleichsam und ungefähr die Stadt Sinsheim ausmacht (umbilicum 12); die üppige Fruchtbarkeit und Lieblichkeit (amoenitas) des Kraichgaus erscheint Chytraeus als ein locus amoenus, als ewiger Garten, als – in Verbindung mit *delectatio* – Garten Eden, als Paradies (21). Und wenn er auf seinen Lehrer Philipp Melanchthon zu sprechen kommt, ist er ihm ein irdisches, historisches Werkzeug Gottes (organum 49), dessen evangelische Lehre sowie profunde und enzyklopädische Gelehrsamkeit wie ein ewiger Brunnen (fons perennis 50) eine riesige Schülerschar bewässert und sie, die alle selbst keine kleinen Lichter sind, wie die Sonne überstrahlt (48); er hütet das neu entfachte Licht der alten biblischen Wahrheit (lux accensa 42, 49), wozu ihn Gott, religiös gesprochen, zu dieser unserer Zeit erweckt hat (hac nostra aetate excitare 15).

Drei Grazien

Die Aufgabe der Rede faßt Chytraeus eingangs in das Emblem der Drei Grazien; sie halten einander die Hände, eine schaut den Betrachter an, die beiden anderen weg oder zurück auf den

Urheber allen Gutes. Die Grazien sind nach ihrem Namen ein Typus der schuldigen, gar doppelt schuldigen Dankbarkeit gegenüber Wohltätern. Für Chytraeus sind dies sein Patron und Mäzen Peter von Mentzingen († 1565) und sein Lehrer und väterlicher Freund Philipp Melanchthon (1497–1560), von denen er, was er hat und geworden ist, empfing. Die Rede müßte weit länger dauern, um allen Dank zu erstatten; sie müßte sein Empfinden in einem Maße ausdrücken können, wie er es nicht vermag: so meint er zu stammeln (balbutire 26) und hofft auf Billigung wenigstens seines dankbaren Herzens – und liefert als Dank-Rede die erste selbständige Beschreibung des Kreichgaus nach Geographie, Namenkunde, Land und Leuten, Reichsritterschaft und Reformation.

Charakter der historischen Darstellung

Dem Hauptteil der Rede schickt Chytraeus voraus, daß sie *Beispiele von Taten* enthalte, *die sowohl wegen der Herrlichkeit Gottes zu preisen sind als auch in guten Naturen die Liebe zu einer solchen Tat anzünden und festigen* (8) sollen; er gibt damit seine praktischen und vom lutherischen Schulwesen, dem er ein Leben lang eifrig gedient hat, geprägten Lehrabsichten deutlich zu erkennen: die erzählte Historie – namentlich Persönlichkeiten von herausragenden tugendlichen Qualitäten sowie einige wenige angeführte ereignisgeschichtliche Lehrhäppchen – soll *exemplum* sein und dazu dienen, den gegenwärtigen Leser anschaulich zu unterrichten, wie er sein christliches Leben zu führen habe. Im Sinne Luthers und Melanchthons liegt der Darstellung gegenwärtiger und historischer Verhältnisse im Kraichgau bei Chytraeus neben der reinen Wissensvermittlung immer eine solche didaktische Absicht zugrunde, da er in der Geschichte das Wirken Gottes sieht, der, so schließt die Rede in Erwartung eines von Christus regierten neuen Reiches, *mit dem in alle Regionen der Länder gesäten Wort des Evangeliums sich eine ewige Kirche sammelt.* Chytraeus bittet, *daß er wolle, daß der Kraichgau auf ewig ein wahrhaftiges und friedliches Hospiz und Domizil seiner Kirche sei* (52).

Es handelt sich bei der Rede über den Kraichgau also keineswegs um eine rein geographisch-historische Komplettbeschreibung, die etwa vergleichbar wäre mit dem Sammeleifer eines Johann Goswin Widder, der über zweihundert Jahre später als pfälzischer Historiker in vier Bänden eine ausführliche Darstellung der gesamten kurpfälzischen Länder durch die Jahrhunderte geliefert hat, sondern vielmehr um eine subjektiv vor persönlichem Erfahrungshintergrund von Liebe zur eigenen Heimat und Dankbarkeit für seine Gönner sowie von didaktischen Absichten getragene punktuelle Auswahl aus der Fülle des historischen Stoffes.

Kleine Abstecher

Noch ganz am Anfang der Rede, wo zunächst einmal rein geographisch Grenzen, Lage und Maße der behandelten Region darzustellen sind, läßt Chytraeus es sich, verständlicherweise, nicht nehmen, beim Abmessen der Eckpunkte des Kraichgaus (8) von Wimpfen aus einen kleinen Abstecher an den Kocher und zu seinem Heimatdorf Ingelfingen zu wagen. Die Stadt Weinsberg veranlasst ihn, in einem Exkurs die Sage von den treuen Weibern anzuführen[12]. Diese anekdotenhafte Erzählung dient Chytraeus zur Veranschaulichung weiblicher Tugenden, weswegen er sie auch in Bezug setzen kann zu Margarete von Gemmingen, der Ehefrau seines Mäzens Peter von Mentzingen, welche eben jene Tugenden in gleichem Maße besessen habe. Weinsberg war 1140 vom Staufer Konrad III. im Kampf gegen Welf VI. belagert worden; nur Mut, Stärke und treue Liebe der Frauen hatten – so berichtet zumindest die bis heute bekannte Sage – Männer und Stadt retten können. Seinen Lehrzwecken gemäß führt Chytraeus hier historische Umstände nur insoweit an, als sie der Veranschaulichung von moralischen Qualitäten dienlich sein können. Die Erwähnung der Epiroten im Heer Karls V. (13) ist Chytraeus zur Stützung seiner These über den Namen des Kraichgaus nützlich; Flacilla, die Frau des Theodosius (27) wird als Muster christlicher Tugenden herangezogen. Andere Themen, in denen Chytraeus wohl keinen sittlichen Gehalt gesehen haben mag, entfallen hingegen; vom verheerenden Bauernkrieg etwa, der auch im Kraichgau heftig tobte und dem 1525 das Wasserschloß in Menzingen zum Opfer fiel, ist nicht die Rede.

Die Landschaft

Beschreibung einer Landschaft heißt immer Geographie und Historie miteinander verbinden. Sebastian Münster, der große Geograph des 16. Jahrhuderts, hat in der Geographie, das heißt in den landschaftlichen Gegebenheiten, die Grundlage der Historie und damit auch die Grundlage jeder wahren Bibelkunde gesehen, wie er in der Vorrede zu seinem Monumentalwerk zum Ausdruck bringt: *Die kunst so man mit eim Griechischen wort Cosmographiam nent/ das ist beschreibung der welt/ oder Geographiam/ beschreibung des ertrichs/ wie hoch und edel sie all wegen geachtet sey bey den erfarnen männern/ zeigen uns alle historien/ ja die historien gründen sich auch auff dise kunst/ und on sie mag niemand ein histori ordentlichen beschreiben oder auch recht verston ... Ja dise kunst eröffnet uns zum dickern mal die verborgne heimlichkeyt der heyligen geschrifft und entblößt die krafft der klugen natur/ so do verborgen ligt in mancherleien dingen.*

Dementsprechend beginnt Chytraeus seine Rede, *wie immer bei Beschreibungen von Landschaften* (7), mit der Bestimmung des behandelten Gegenstandes; er definiert zunächst, was der Kraichgau überhaupt ist, wozu auch die Angabe der genauen geographischen Lage, der Maße seines Durchmessers und die Diskussion des Namens gehören, geht dann auf die Natur der Gegend, die Fruchtbarkeit des Ackerlandes, Flüsse und Bäche ein, um erst danach über die Bebauung durch Menschen mit Dörfern und Städten und schließlich über die Adelsfamilien, Herrschaftsform, Kirchen und Schulen zu reden (16).

Als Mittelpunkt des Kraichgaus (12) bezeichnet Chytraeus Sinsheim; er liegt damit in Übereinstimmung zu Sebastian Münster und auch zu dem pfälzischen Hofrat Peter Haarer, der bereits 1525 den Steinsberg einen *Compass auff dem Kreichgaw* nennt; die Maße und geographischen Angaben noch in J. H. Zedlers Universallexikon 1735 stimmen mit Chytraeus überein und scheinen bis in den Wortlaut hinein von ihm übernommen zu sein.

Chytraeus setzt einen großräumigen Kraichgau an, eingeschlossen vom Neckar bis an die Mündung der Zaber, einer gedachten Linie von dort nach Westen über Pforzheim und weiter bis an den Rhein, der die westliche Grenze darstellt. Es ist nicht ungewöhnlich, daß ab dem späten Mittelalter an die Stelle der ursprünglich kleineren Gaue (< ahd. *gewi, gouwi* < germ. **gawja* „Umgebung eines Gewässers" zu **a(g)wjo* „Aue, Wasserland"), die zunächst nur wasserreiche und fruchtbare Siedlungsräume um ein Gewässer bezeichneten, solche großräumige Gebilde getreten sind, welche sich von den alten Kerngebieten aus auf eine größere Landschaft beziehen, ohne auf natürliche Landschaftsgrenzen überall Rücksicht zu nehmen. Bezeichnenderweise verwendet Chytraeus stets das recht vage lateinische Wort *regio* (7, 14, 18, 20 etc.) oder auch *ager* (14) und nicht wie in den mittelalterlichen Urkunden *pagus* (so zum Jahr 769 erstmals erwähnt im codex Laureshemensis: *in pago Creichgouve*), welches wohl einen mehr oder weniger geschlossenen Siedlungsraum erwarten ließe[13]; *pagus* kommt bei Chytraeus hingegen in der Bedeutung von *Dorf* mehrfach vor, welchem das griechische Etymon *pägä* (Brunnen) zugewiesen wird (22).

Name

Der Name *Kraichgau* gibt Anlaß zu ausschweifenden Überlegungen und divinatorischen Erwägungen (15). Daß die Annahme, der Kraichgau habe seinen Namen wie viele andere Gaue (so z. B. Elsenzgau, Gartachgau, Jagstgau) vom gleichlautenden Name des Baches, der durch ihn fließt, schon im 16. Jahrhundert große Verbreitung finden konnte, ist Chytraeus bekannt: *Einige werden denken, daß die Erklärung des Namens wohl ... von dem Bach herrührt, den die Leute Kraich nennen* (16). Nichtsdestotrotz unternimmt er noch einen anderen, ein wenig gelehrtverspielten Versuch, den Namen aus dem Griechischen herzuleiten: *Die Ähnlichkeit der Buchstaben ist ein Indiz, daß der Name des Kraichgaus vom griechischen Volk herstammt* (13) – und sei es auch nur aus reiner Freude an dieser die Phantasie belebenden humanistischen Spekulation über die Probabilität (16) einer etymologischen Vermutung.

Zur Unterstützung dieser These weist Chytraeus darauf hin, daß auch *Speyer* vom griechischen *speira* (Kohorte) abgeleitet sei. Indiz sei eine römische Inschrift Konstantins (vetus monumentum Constantii insculptum in lapide portae Vvormatiensis 13f). Diese wird in zahlreichen Werken des 16. Jahrhunderts z. T. auch mit Wortlaut überliefert. Wilhelm Eysengrein gibt ihn in seiner Stadtgeschichte von 1564 wie folgt wieder: D(is) M(anibus) | CONSTANTIO VALENTINO | FRATRI ET LVNÆ | MATRI CONSTANTIVS | MAXIMVS F(aciendum) C(uravit). Dabei handelt es sich allerdings nicht um eine Kaiserinschrift (cohors imperatoris 14), sondern um eine einfache Grabinschrift: *Den*

Totengöttern geweiht. Dem Bruder Constantius Valentinus und der Mutter Luna (hat) Constantius Maximus (dies errichtet)[14].

Die Herkunft des Namens vom Kraichbach ist in der Tat wahrscheinlicher. In Zedlers Lexikonartikel über den Kraichgau von 1735 findet sich der Eintrag: *Den Namen hat das Land von dem Fluß Craich, wiewohl Chytraeus in einer besondern Rede von Craichgau denselben von den Griechen herführen will (...), welcher Meynung auch Crusius Schwäbisch. Chronic. Th. III. B. IX. Cap. I. p. 131 beypflichtet.* Über die Etymologie des Bachnamens *Kraich* läßt sich übrigens nichts Verläßliches sagen[15].

Grafschaft

Seit 858 ist eine Grafschaft im Kraichgau historisch faßbar. Grafschaften waren jurisdiktionell-administrative Amtsbezirke seit der Karolingerzeit; die Grafen übten in ihren Sprengeln, welche sehr oft aber nicht immer mit Gauen identisch waren, Rechtspflege kraft königlicher Autorität. Mit zunehmender Territorialisierung seit dem 11. Jahrhundert verloren die Grafschaften allmählich an Bedeutung.

Chytraeus erwähnt die in der Forschung oftmals mit dem Namen der Zeisolf-Wolframe belegte Grafenfamilie mit Stammburg in Sinsheim, deren letzter Vertreter Johann seit 1090 Bischof in Speyer gewesen ist. In seinem Episkopat sind die linksrheinischen Königsgüter Kestenburg, heute besser bekannt als Hambacher Schloß, Meistersel und Deidesheim dem Speyerer Bistum übertragen worden. Seit Konrads II. Entscheidung zur Grablege in Speyer und dem Beginn des Dombaus 1025/29 blühte das Speyerer Bistum auf und wurde unter Heinrich III. und Heinrich IV. großzügig bedacht: linksrheinisch außer mit Deidesheim auch mit der Grafschaft Lutramsforst und rechtsrheinisch mit Bruchsal, Lußhardt, Rotenfels und der Grafschaft Forchheim.

Die Personalunion von Graf und Bischof ist nicht ungewöhnlich; das Speyerer Episkopat rekrutierte sich bevorzugt aus dem Ministerialenadel der Nachbarschaft; Grafenämter wurden, um der Tendenz der Allodialisierung der Grafschaften entgegenzuwirken, unter Betonung gerichtsherrlicher Rechte bevorzugt an Bistümer und Abteien übertragen. Johann hat das Kloster Sinsheim gegründet, wo er 1104 auch seine letzte Ruhe fand. In der Stiftungsurkunde vom Dreikönigstag 1100 nennt er als seine Verwandten den Erzbischof Hermann von Köln, seinen Vater Wolfram (Vuolframus), seine Mutter Acela (Azela), seinen Bruder Zeisolf (Seisolphus) und dessen Töchter Adelheid (filia, quae a nobilitate nomen habuit) und Judda und vermerkt ausdrücklich, daß von seinem Geschlechte, die im 11. Jahrhundert ihre gräfliche Herrschaft von den Saliern als Lehen empfangen hatten, außer ihm nur noch seine Nichte Adelheid, die Gemahlin des Pfalzgrafen Heinrich von Tübingen (Palatino Tubingensi nupserit 17), am Leben sei. Bis zu seinem Tod hatte Zeisolf die Grafschaft inne; Sebastian Münster bezeichnet *Zifholdus/ Zeifhold* als letzten Grafen. Die gleiche Urkunde bezeugt somit auch, daß das gräfliche Amtsgut der Zeisolf-Wolframe um 1100 den Charakter von vererbbarem Eigengut angenommen hatte. Es ist gut denkbar, daß Chytraeus seine Angaben aber aus der zweihundert Jahre jüngeren Chronik von Sinsheim hat[16].

Chytraeus bedauert, daß er über die *Taten der Vorfahren* nicht mehr habe auffinden können (17). In einer späteren Auflage der Rede über den Kraichgau fügt er Nachrichten über die alten Grafschaften aus einer weiteren Quelle hinzu. *In den Schriften des Klosters zu Odenheim, das erst in der vorigen Generation nach Bruchsal, in eine dem Bischof von Speyer zugehörende Stadt, verlegt worden ist, findet sich die Nachricht, daß der erste Gründer des Stifts, der Erzbischof Bruno von Trier, Graf von Lauffen, in der Grafschaft Bretten, nahe bei dem Dorfe Odenheim im Jahre 1122 ein Kloster gründete und dasselbe, mit der Zustimmung seines Bruders Poppo, mit den Ortschaften Odenheim, Tiefenbach, Hausen, Rotenbach, Syboldsweiler, Poppenweiler, Gartach usw. beschenkt habe. An dem Orte aber, wo jetzt die Stadt Bruchsal, an der Saalbach, gefunden wird, wurde ein Dorf, welches in der Grafschaft des Wolfram und am Fuße einer Burg liegt, im Jahre 1196 dem Stift zu Speyer vom Grafen von Calw um Hundert Mark Silber verkauft, wie aus noch vorhandenen Urkunden ersichtlich ist.*[17] Solche und andere nachträgliche Hinzufügungen aus weiteren Quellen lassen erkennen, wie viel Chytraeus an der sorgfältigen Ausschöpfung der ihm zugänglichen Urkunden gelegen war. Bereits um das Jahr 1100 ist uns ein Bruno als Graf im Kraichgau bezeugt; 1123 als Grafen in Bretten Poppo und in einer undatierten Urkunde Heinrich. Bruno II., zunächst Domprobst zu Trier und Speyer, dann Erzbischof von Trier, Sohn des Grafen im Kraichgau, stiftete 1122 die Benediktinerabtei Wigoldsberg bei Odenheim, welche 1494 in ein freiadliges Stiftskapitel umgewandelt wurde; die Stiftsherren übersiedelten 1507 in feierlicher Prozession nach Bruchsal.

Ritter im Kraichgau

Von sechzig Ritterfamilien, die im Kraichgau wohnen und deren Häuser sowohl auf den Bergen als auch in den Tälern und in der Ebene über den Kraichgau verstreut liegen, hebt Chytraeus besonders die berühmten Familien der von Sickingen, von Helmstatt, von Mentzingen und von Gemmingen hervor (22f). In einem *summarischen verzeichnuß der adelichen geschlechter* von 1599 werden sogar 75 Familien mit 72 Gütern genannt[18].

Chytraeus erwähnt Funktionen, Ämter und Verdienste zahlreicher Ritter am kurfürstlichen Hof in Heidelberg: Philipp von Mentzingen habe Kf. Ludwig V. (1508–1544) beraten und einige Ämter innegehabt (24), Philipp von Gemmingen, der auch in

Widders Beschreibung der Kurpfalz 1540 als Hofrichter und 1537 als Abgesandter auf dem Reichstag in Regensburg genannt ist, war enger Vertrauter Kf. Ottheinrichs (1556–1559), sogar als dieser noch in Neuburg war (30), Erasmus von Venningen war Hofrichter in Heidelberg (32), welches Amt, schon gleich nachdem Kf. Friedrich I. (1451–76) es errichtet hatte, ein Angehöriger der gleichen Familie, nämlich Hans von Venningen, innehatte; ein Johann Pleikard war Stallmeister in Heidelberg, Christoph von Landschad *praefectus curiae* (33); zahllose andere Dienste im Rat, bei Hofe und auf den Ämtern werden angedeutet oder bleiben unerwähnt. Diese intensiven Beziehungen der Kraichgauer Ritter zum Pfalzgrafen haben eine Tradition mindestens seit Ruprecht III. (1398–1410, Kg. 1400–1410), da mit ihm den Rittern Kurfürst und König in einer Person gegenüberstanden. Später versuchten die Kurfürsten dann immer wieder, den Pfälzer Territorialstaat über den Kraichgau auszubreiten und durch Erbschirmverträge die militärische Kraft der Ritter in den Dienst des Pfalzgrafen zu stellen, wodurch deren Landsässigkeit fast erreicht war. Zugleich gab es von Seiten der Ritter aber auch Versuche der Distanzierung vom Pfalzgrafen und auch Orientierungen nach Württemberg, wie die Beispiele des Bernhard Göler und des Wilhelm Massenbach, die sich bei Hz. Ulrich von Württemberg (1498–1519, 1534–1550) Verdienste erwarben (32), zeigen.

Auf lange Sicht konnten sich die Adligen im Kraichgau zwischen den Ansprüchen der Kurpfalz und Württembergs sowie im Einflußbereich geistlicher Fürsten behaupten und sich als reichsunmittelbare Ritter (nobilitas libera et immediata imperii) etablieren. In einem Privileg vom 13. September 1422 hatte Kg. Sigismund (1410–1437) der gesamten deutschen Ritterschaft das Recht zugestanden, sich korporativ zusammenzuschließen, was deren Einigungsbestrebungen auf Dauer nachhaltig gefördert hat. Schon zu Beginn des 15. Jahrhunderts gründeten die Kraichgauer unter Einschluß einiger Odenwälder Ritter die Turniergesellschaft *Zum Esel*, deren Wappenfresko aus der Mitte des gleichen Jahrhunderts an der Westwand des südlichen Chor-Seitenschiffs der Heidelberger Heiliggeistkirche erhalten geblieben ist[19]. In den ältesten Statuten von 1414 heißt es: *Wir (...) bekhennen und veriehen uns offentlich (...) und thun kund (...), das wir under uns undereinander mit gotts hülffe gute getrewe gesellen sin sollen und wollen, und unser ieglicher den andern getrewlich in gutten truwen meinen und eine getrewe gesellschaft miteinander han und haben, ohn alle geverde und argeliste. Unser ieglicher soll einen esell zu unser gesellschafft an ihm tragen.*[20] Daß mancher Kraichgauer Ritter im Mittelalter (ante annos quingentos) in Turnieren (ludi Troiani 23) gekämpft habe, an welche eine solche Gesellschaft geschichtsverklärend anknüpfen will, weiß Chytraeus. Uns sind prachtvolle handschriftliche Turnierbücher aus dem 17. Jahrhundert erhalten, die noch bis in diese Zeit den Adelsfamilien als Nachweis ihrer Ritterbürtigkeit dienten; im Turnierbuch von 1615 wird von 15 (erfundenen?) Turnieren zwischen 938 und 1481 berichtet.

Die Eselsgesellschaft ist aber keineswegs in Abgrenzung zum pfälzischen Kurfürsten entstanden, sondern hing zu Beginn noch eng mit dem Heidelberger Hof zusammen; in ihr kann auch noch kein Vorläufer des späteren Ritterkantons Kraichgau gesehen werden. In der Folge orientierten sich die Ritter allerdings immer mehr an Kaiser und Reich; ihre bleibend enge Verbundenheit zum Kurfürsten ist aber etwa durch den prachtvollen *liber feudorum* Ludwigs V., welcher die Wappen zahlreicher Kraichgauer Adliger neben denen anderer Pfälzer Vasallen enthält, auch für die erste Hälfte des 16. Jahrhunderts bezeugt[21]. Immerhin hatte der Hof als kultureller Mittelpunkt ja eine große Ausstrahlung bis in den Kraichgau, und die pfalzgräflichen Dienste hatten eine erhebliche Bedeutung für die Ritter, da der Kaiser fern war und sie nur hier Ruhm und Ehre erwerben und Einfluß auf die Politik ausüben konnten. Die Aussicht, ihr Einkommen um die Besoldung des Pfalzgrafen zu erhöhen, lockte sie immer wieder in dessen Nähe. Problematisch war aus Sicht des Adels allerdings, daß mit fortschreitender Bürokratisierung und Verwissenschaftlichung des Regierens im Umfeld der aufblühenden Universität immer mehr bürgerliche Räte die Ritter in ihren Ämtern entbehrlich zu machen drohten, deren adliger Lebensführung ein solches akademisches Geschäft eigentlich widersprach. Um sich dennoch zu behaupten, erwarben nun auch viele Ritter auf der Universität die nötigen Kenntnisse, wie etwa Florenz von Venningen, beider Rechte Doktor, welcher 1508 Kanzler war, also die Staatsgeschäfte zu verwalten hatte. Im Heidelberger Oberrat waren Mitte des Jahrhunderts etwa genau so viele bürgerliche wie adlige Räte enthalten, und die adligen Räte konnten alle ein Universitätsstudium vorweisen. Ein herausragendes Beispiel einer solchen bürgerlichen Familie, die wegen ihrer Gelehrsamkeit Karriere am Hof machen konnte, sind die Hartmanni aus Eppingen (51), deren ursprünglicher Familienname Becker war. Andreas Hartmanni hatte bis zu seinem Tod 1495 über dreißig Jahre an der Universität Heidelberg als Professor an der Artistenfakultät und an der Juristischen Fakultät gelehrt. Dessen Sohn Hartmannus Hartmanni (d. Ält.) promovierte ebenfalls bis zum Doktor beider Rechte, wurde Professor der Pandekten und Syndikus der Universität und kam schließlich unter Kurfürst Ludwig V. in den Hofrat. Er folgte 1527 Pfalzgraf Friedrich als persönlicher Berater in die Oberpfalz, stand seit 1521 an der Spitze des Nürnberger Reichsregiments und wurde immer wieder zu vielen diplomatischen Missionen in ganz Europa, unter anderem in Spanien, eingesetzt. Karl V. ernannte ihn zum Kaiserlichen Rat und erhob die Familie 1528 in den erblichen Adelsstand. Nach der

Übersiedlung Friedrichs II. konnte er als dessen Kanzler die kurpfälzische Politik prägen. Auch sein Sohn Hartmannus Hartmanni von Eppingen (d. Jg.) bestimmte als Hofrichter und Täglicher Rat Friedrichs III. und zugleich Faut des Oberamts Heidelberg die kurpfälzische Politik[22].

Chytraeus hebt in besonderer Weise immer wieder die Tugenden und auch die Gelehrsamkeit der Adligen hervor, und betont dabei, daß jeweils die jüngere Generation die ältere gerade an Gelehrsamkeit sogar noch übertroffen habe. Dies gilt für Philipp von Mentzingen, der seinen Vorgänger Erasmus übertroffen habe (in fovendis literarum studiis et scholasticis ad discendum idoneis longe etiam superavit 25), für Dietrich (29) und Philipp von Gemmingen (31) und auch für Franz Konrad von Sickingen, *der wegen Weisheit, Tapferkeit, Sachkenntnis und Tüchtigkeit in Regierungsangelegenheiten* (32) beim Kaiser in hohem Ansehen gestanden habe. Hier hat sich wohl gerade jener Wechsel der Generationen vollzogen, welchen Goethe in seinem Drama *Götz von Berlichingen* thematisiert, wo Götzens unbändiger Tatendrang und ursprüngliche Redlichkeit einem Weislingen gegenübersteht, der sich in den Dienst der Partikularinteressen der aufstrebenden Reichsfürsten stellt; der Jurist Olearius berichtet über die vielen studierenden Adligen: *Man pflegt im Sprichwort auf der Akademie zu sagen: so fleißig wie ein Deutscher von Adel* (I 4).

Reformation

Verbunden mit dieser Neuorientierung waren auch höhere bildungsmäßige, religiöse und moralische Anforderungen an die Ritterschaft, welche im Zusammenhang mit der reformatorischen Bewegung noch weiter wuchsen. Auf die Einführung der Reformation im Kraichgau kommt Chytraeus ausführlich zu sprechen. An jener Stelle betont er ausdrücklich, daß der Geschichte ein göttlicher Plan zugrunde liege. Das Volk im Kraichgau erkenne, heißt es da, *daß Gott die Menschen hauptsächlich aus jenem Grund erschaffen und sie in bürgerlicher Gemeinschaft ... verbunden und zugesellt hat, daß sie im Verein und in der Menge einer den andern über Gott belehren und die Lehre des Evangeliums von der wahren Erkenntnis Gottes und seines Sohnes ... weiter ausstreuen und verbreiten können* (37) – Zweck und Grund des gesamten Weltgeschehens ist also die Verbreitung der wahren Glaubenslehre, weshalb Glaube, Lenkung der Sitten und Planung des alltäglichen Lebens allein vom Evangelium regiert sein müssen (41).

Anders als Luther, der in der Vorrede zum Kleinen Katechismus (Kinderlehre) beklagt, er habe als Visitator mit der religiösen Volksbildung schlimme Erfahrungen gemacht (1528) – *Hilf, lieber Gott, wie manchen Jammer habe ich gesehen, daß der gemeine Mann doch so garnichts weiß von der christlichen Lehre, sonderlich auf den Dörfern, und leider viel Pfarrherr fast ungeschickt und untüchtig sind zu lehren, ... leben dahin wie das liebe Viehe und unvernünftige Säue ...* – lobt Chytraeus den Kraichgau geradezu wie ein evangelisches Musterland; öffentliche Ordnung und Gesetze stimmen dort mit dem Dekalog überein (34), das Volk ist fromm, gehorsam und hört die Predigten der Pfarrer, welche sich in Synoden versammeln und einvernehmlich ratschlagen (41f), und die Kinder lernen eifrig ihren Katechismus auswendig (de verbo ad verbum 43) und werden jeden Sonntag, Mädchen wie Jungen, vom Pfarrer befragt. Derartige Examina in allen Ländern einzurichten sei in höchstem Maße wünschenswert – und wird im reformierten Heidelberger Katechismus von 1563 auch ausdrücklich verlangt: *Nach disem* [nach der Predigt aus dem Katechismus] *lasse er* [der Kirchendiener] *etliche vnder der jugend / ein gewisse anzal fragen im Catechismo (wie wir dann denselben vmb dieser vrsach willen in Sonntage theilen lassen) so in vorgehenden / vnd sonderlich / in der nechsten Predigt erkläret worden / vnd sie zuuor in der Schul oder daheim gelernet / auffsagen / vnnd wann dise also in bey sein der gemein von etlichen auffgesagt worden / soll der Kirchendiener etliche folgende fragen einfeltig vnd kürtzlich erklären vnd außlegen ...*[23]

1518 war Luther zum Ordenskapitel der deutschen Augustiner-Kongregation nach Heidelberg gekommen und hatte unter Berufung auf den Apostel Paulus und den Kirchenvater Augustinus in 40 Thesen eine neue Gnadenauffassung vorgetragen, die einen Totalangriff gegen die scholastische Theologie bedeutete (Gegenüberstellung von theologia gloriae und wahrer theologia crucis)[24]. Bei der Disputation, an welcher sich auch Professoren aus Heidelberg beteiligten, waren neben Mitgliedern des kurpfälzischen Hofes auch Auswärtige zugegen, darunter Johannes Brenz und Erhard Schnepf; die Wirkung dieses Ereignisses auch für den Kraichgau kann kaum überbewertet werden. Auf dem Reichstag zu Worms von 1521 waren Wolf und Dietrich von Gemmingen, Bernhard Göler von Ravensburg, Erasmus von Mentzingen und Philipp von Helmstatt Zeuge von Luthers Auftreten; Dietrich von Gemmingen hat, wie Chytraeus weiß, *trotz mancher Schwierigkeiten, Drohungen und Nachstellungen der Feinde als erster in dieser Landschaft die wahre evangelische Lehre angenommen und fest behauptet* (29).

Evangelische Pfarrer fanden Schutz und Aufnahme bei Kraichgauer Rittern: als erster Erhard Schnepf bei Dietrich von Gemmingen (29, 38), neben ihm Bernhard Griebler, Martin Germanus und Johannes Gallus (38), welche vier Männer etwa um das Jahr 1521/22 die ersten Anfänge der Reformation im Kraichgau begonnen hätten (prima sincerioris religionis fundamenta in ea regione iecerunt 39); in zweiter Generation Wolfgang Buss, der Pfarrer der Kirche in Menzingen und Davids erster Lehrer (30), der gelehrte Franz Irenicus, Johannes Rudolphi, Nikolaus Trabant, Johannes Eisenmenger, Georg Junior, Petrus Erbermann,

Thomas Frosch, Melchior Hippovius und nicht zuletzt Matthäus Chytraeus, Davids Vater, als Pfarrer bei Erasmus von Mentzingen (25, 39f.). Hinter all diesen stand die Figur des südwestdeutschen Reformators Johannes Brenz, um dessen Rat (sententia et iudicium) in schwierigen Fragen (controversiae difficiliores 42) man bemüht war. Dietrich von Gemmingen hat ihn mehrmals auf der Burg Guttenberg bewirtet, Brenz widmete ihm im Gegenzug seine Anmerkungen zum Buch Hiob und 1525 seine an den Adel gerichtete Schrift *Von der Milterung der Fürsten gegen den auffrurerischen Bauren;* in ihr werden zwar die Aufstände der Bauern als Ungehorsam gegen die Obrigkeit verurteilt, diese aber auch vor zu harter Bestrafung gewarnt und zu *gnad auch den unterthonen* ermahnt. Auf Burg Guttenberg fand nach Weihnachten 1525 auch ein Gespräch über den Abendmahlsstreit statt zwischen dem Heidelberger reformierten Gräzisten Simon Grynaeus, der als Vertretung des Baseler Johannes Oekolampad gekommen war, und dem Lutheraner Brenz.

Die Frühphase der Reformation im Kraichgau war geprägt von der insgesamt hohen Qualität der studierten Geistlichen, die sich auch an theologischen Auseinandersetzungen ausgleichend zu beteiligen versuchten, und vom festen Willen der Ritter, ihnen finanzielle und politische Sicherung zu verschaffen. Luther fand hier schon sehr früh Anhänger, die – wie Peter von Mentzingen – Festigkeit in der Erhaltung der evangelischen Lehre und auch großzügige Förderung der Wissenschaften und begabter Schüler bewiesen (25). Davon konnte auch David Chytraeus ausgezeichnet profitieren; seinem Mäzen Peter von Mentzingen und seinem Präzeptor Philipp Melanchthon widmet er deshalb in Dankbarkeit seine *laus Creichgoiae* (7).

Das Nachwort bis *Drei Grazien* verfaßte Reinhard Düchting, ab *Charakter der historischen Darstellung* Boris Körkel.

Anmerkungen

1 Brief an Johannes Obsopoeus vom 1. Januar 1583, Becher (1908) lat. 150, dt. 60f.; s. auch Thüringer, in: David und Nathan Chytraeus (1993) 189 Anm. 20 und 21. Becher 150 ist ein Pentameter aus Ovid (Trist. II 322) nicht erkannt:

(et) pius est patriae facta referre labor

Wittenberg soll seinen Namen von einem *weißen* (Sand)*berg* haben; die Universität der Stadt heißt folglich gräzisiert Leuc/orea. Für Melanchthon scheint im Namensspiel und Vergleich *Wit*eberga auch auf jene *Wit*we (*vid*ua) zu verweisen, deren kleines Haus dem Propheten Elia Hospiz wurde; s. die 10 Dist. inc. Parva domus viduae vatem quae pavit Eliam (CR 10 Sp. 590) auf ein Gemälde der Stadt. Wie Wittenberg Luthers und Melanchthons Sarepta geworden ist (und auch nicht nur nach Chytraeus 25f eine Metropole der Theologie und Philosophie), so Rostock dem noch jungen Chytraeus ein Sareptula.

Sarepta		: Elia
Sarepta > *metropolis*	= Wittenberg	: Melanchthon
Sareptula	= Rostock	: Chytraeus

2 Am 20. März 1556 bittet Chytraeus Melanchthon brieflich um Druckvermittlung in Wittenberg, da in Rostock der Drucker Ludwig Dietz nicht über einen griechischen Typen-Satz verfügt. Dietz war inzwischen verstorben (1559); s. auch Chr. Petrick, Mecklenburgische und pommersche Drucker von frühen Nathan-Chytraeus-Ausgaben. In: Nathan Chytraeus (1991) 105f.

3 Vielleicht wollten Chytraeus und Krafft mit der Wahl des Textanfangs C(VM) auch die lateinische Wortform der Heimat und den Gegenstand der Rede, nämlich C(REICHGOIA), auszeichnen.

4 46 gradus st. 26 g. 12, ab st. ad Heilbronnam 12, descrip- st. describim Kustoden 7, graecus st. graecis 14, maioris st. maiores 14, hahitavit st. habitavit 14, quos st. quae 22 (richtig im Kustoden 21), ribuuntur st. tribuuntur 23, doctina st. doctrina 25 und 29, tenet st. tenent 31, Massenbach st. Wassenbach 32, cantum st. cautum 35, academiae

st. academia 44, nonullos st. nonnullos 44, eipscopus st. episcopus 46, Tabulae r. st. Fabulae r. 47, caeterorum st. caeterarum 48, methodum somateitheis st. methodos somatoeideis 49;
44ff ist der tote Kolumnen-Titel: Oratio / De Creichgoia vertauscht. Placilla st. Flacilla 27 korrigiert die 2. Aufl. nicht und beläßt auch die genealogischen Irrtümer 44: princeps Rupertus (I.) pater Ruperti (III.) imperatoris, Otho Henricus Ruperti illius trinepos; der Gedanke, daß die Universität Heidelberg 1387 und nicht 1386 gegründet wurde(45), war weit und lang verbreitet.

5 Die Partie über den *Krächkey* ist gedruckt bei K. Graf, Der Kraichgau. In: Kraichgauer Ritterschaft (1993) 36; zu den Landesbeschreibungen der Humanisten s. auch Probst (1984) 57ff.

6 s. zuletzt H. Bei der Wieden, Die Darstellung Islands in der „Saxonia" des David Chytraeus. In: David und Nathan Chytraeus (1993) 83–94.

7 Das Werk wurde erst postum 1515 in Löwen gedruckt; zur zweibändigen Ausgabe Köln 1539 (Reprint 1967) steuerte Melanchthon einen Brief (MBW 2169) an Alardus von Amsterdam, den Nachlaßvewalter des Agricola, bei (II +3/ +4); die drei Bücher der Inventio dialectica wurden „kritisch herausgegeben, übersetzt und kommentiert" von L. Mundt (1992).

8 H. Walter, Initia carminum ac versuum medii aevi posterioris Latinorum (1959) 17540; Ders., Ergänzungen und Berichtigungen (1969); Ders./ P. G. Schmidt, Proverbia sententiaeque latinitatis medii ac recentioris aevi. NS 9: P-Z (1986) 42199c.

9 In das Exemplar UB Heidelberg (Q 6800 Res.) der Melanchthon-Biographie von Joachim Camerarius (Leipzig 1566) ist dem Titelblatt gegenüber ein Gedicht über Bretten als unbestrittenen Geburtsort Melanchthons eingetragen (4 Dist. inc. Aedibus his hausit lumen vitale Philippus); Vers 5 steht der Lernvers:

Smyrna, Rhodus, Colophon, Salamis, Chios, Argos, Athenae

s. A. Seeliger-Zeiss, Die Inschriften des Großkreises Karlsruhe (1981) 120f Nr. 222; Dies. In: Kat. Philipp Melanchthon in Südwestdeutschland (1997) 134f (mit Abb. des Eintrags).

Der Hexameterschluß in Vers 7 (fama Philippi) ist identisch mit Vers 5 im Epigramm Huttens (50); dieses hat bekanntlich auch Michael Heberer von Bretten in seiner Aegyptiaca servitus (1610) 5 zitiert mit eigener Übersetzung, s. auch Becher (1908) 142–145.

10 Plinius, Naturalis historia XVIII 10; Gn 26.12; Herodot, Historiae I 193.
Cato: Cicero, Cato maior; s. auch Disticha Catonis IV 7 hg. M. Boas (1952) 202; Solon: Plutarch, Solon 17ff, Diogenes Laertius, De vita et moribus philosophorum I 55; Platon, Politeia VIII 562A ff (s. auch Cicero, De re publica I 27/43 und Livius, Ab urbe condita XXXIV 49).

11 Heil/bronn = saluber fons 10f, salutares fontes 12f; Bruhrain = Prorhenus 11, de nomine Creichgoiae 13ff, Speyer = speira 13, Sternenfels = stellae petra 16, Wol/fram a kalokagathia 17, Adel/heid a nobilitate (17) , Salzhofer Tor = Salsae porta 20, Neckargemünd = ostium Neccari 21, pagus = pägä 22, Margarete = margaris 53 v. 13ff.

12 Grimm, Deutsche Sagen Nr. 493; Chronica regia Coloniensis zum Jahr 1140, ed. Waitz. Vgl. R. Wildermuth (bearb.), „Zweimal ist kein Traum zu träumen". Die Weiber von Weinsberg und die Weibertreu (1990).

13 W. Huschner, Art. *Pagus*. In: LexMA 6 (1993) Sp. 1625–1627.

14 CIL 13, 6107. Vgl. H. Bernhard, Speyer in der Vor- und Frühzeit. In: Geschichte der Stadt Speyer 1 (1982) 1–161, bes. 7–15 und 105, auch zu den frühen Abdrucken u. a. in Wilhelm Eysengrein, Chronologicarum rerum urbis Spirae libri XVI (1564) 95. Gegen die Auffassung, Konstantius habe als Gründer oder Wiederhersteller von Speyer zu gelten, wandte sich bereits Georg Christoph Lehmann, Chronica (1612) 21. Von der gleichen Familie, wenn nicht sogar von den in der Inschrift Genannten selbst, stammt auch eine Weihinschrift vom Germansberg (Bernhard 105). Die genannte Speyerer Inschrift ist in Teilen noch erhalten.

15 s. Topographisches Wörterbuch des Großherzogtums Baden, bearb. von A. Krieger 1 ([2]1904) 1254f; O. Springer, Die Flußnamen Württembergs und Badens (1930) 53f; A. Bach, Die deutschen Orts-

namen 1 (1953) 251 §251; W. Sturmfels/ H. Bischof, Unsere Ortsnamen im ABC erklärt nach Herkunft und Bedeutung (1961) 138; H. Bahlow, Deutschlands geographische Namenwelt. Etymologisches Lexikon der Fluß- und Ortsnamen alteuropäischer Herkunft (1965) 276.

16 Chronik von Sinsheim, 203f: *Joannes, comes Creichgoiae, filius Wolframi comitis et Atzelae comitissae, quae fuit filia Henrici IV. imperatoris...* – Chytraeus hat wie diese Quelle Azela als *Henrici IIII. imperatoris filia* (17), während in den Speyerer Annalen die selbe als *soror Heinrici senioris* (Heinrich III.?) bezeichnet wird; ferner Johannes in der Chronik von Sinsheim als *comes Creichgoiae* statt nur als *episcopus*. Der Name der Mutter des Bischofs und die übrigen Verwandten auch in den zeitgenössischen (!) Urkunden Remling, Urkundenbuch Nr. 70 und Nr. 73; die (fragliche) Verwandtschaft des Bischofs mit Heinrich IV. diskutiert J. E. Gugumus, Die Speyerer Bischöfe im Investiturstreit. In: Archiv für mittelrheinische Kirchengeschichte 4 (1952), 45–78, wo auch die verschiedenen Quellen beschrieben sind; vgl. auch J. Semmler, Zur Frühgeschichte des Klosters Sinsheim. In: Kraichgau 6 (1979) 101–111; I. Heidrich, Bischöfe und Bischofskirche von Speyer. In: Die Salier und das Reich 2 (1991) 187–224; K. Graf, Der Kraichgau. In: Kraichgauer Ritterschaft (1993) 9–46, bes. 16f. und Anm. 17.
Quellen: Urkundenbuch zur Geschichte der Bischöfe zu Speyer 1, ed. F. X. Remling (1852) 68–72, Nr. 69 und 70; Annales Spirenses, ed. Pertz, 80–85; Chronik von Sinsheim saec. XVI–XVII., hg. von F. J. Mone. In: Quellensammlung zur badischen Landesgeschichte 1 (1848) 202–216.

17 zitiert nach Becher (1908) 77f.

18 GLA 125/2436 f. 27ff. Vgl. zu diesem Abschnitt v. a. Press (1974) und C. Rehm, Zwischen Fürsten und Kaiser. Aus der Geschichte der Kraichgauer Ritterschaft. In: Reichsritterschaft (1992) 7–25.

19 H. Drös, Heidelberger Wappenbuch (1991) 45–60 Nr. 54–88; R. Neumüllers-Klauser, Die Inschriften der Stadt und des Landkreises Heidelberg (1970) 58f Nr. 98. Vgl. auch den Wappenfries im Langhaus der Pfarrkirche zu Tiefenbronn.

[20] Abdruck des Statuts vom 23. April 1414 in: Reichsritterschaft (1992) 173–175.

[21] GLA 67/1058. Vgl. F. v. Weech, Über die Lehenbücher der Kurfürsten Friedrich I. und Ludwig V. (1880).

[22] B. Röcker, Hartmannus Hartmanni von Eppingen d. Jg. und die kurpfälzische Politik 1567–1586. In: Kraichgauer Ritterschaft (1993) 197–213.

[23] Catechismus oder Christlicher Underricht, wie der in Kirchen und Schulen der Churfürstlichen Pfaltz getrieben wird (1563). Vgl. auch Luther in der Vorrede zum Kleinen Katechismus: *(...) lehre sie für das allererst diese Stück, nämlich die zehen Gebot, Glauben, Vaterunser etc. nach dem Text hin von Wort zu Wort, daß sie es auch so nachsagen können und auswendig lernen. (...) Zum andern, wenn sie den Text nu wohl können, so lehre sie denn hernach auch den Verstand (...).* Ferner in der Vorrede zum Großen Katechismus: *Deshalben soll man junge Leute die Stücke, so in den Katechismus oder Kinderpredigt gehören, wohl und fertig lernen lassen und mit Fleiß darinne üben und treiben. Darümb auch ein iglicher Hausvater schüldig ist, daß er zum wenigsten die Wochen einmal seine Kinder und Gesinde ümbfrage und verhöre, was sie davon wissen oder lernen und, wo sie es nicht können, mit Ernst dazu halte.*

[24] Kirchengeschichtlich polemischen Affekt gegen die Papstkirche formuliert Chytraeus 37: Finsternis (tenebrae), Irrtümer (errores) und papistische Götzen (idola pontificia); abwertend ist auch 41 die Charakterisierung einer *selbsterwählten Geistlichkeit* (Col 2. 23).
Zu den Anfängen der reformatorischen Bewegung in der Kurpfalz s. auch E. Wolgast, Reformierte Konfession und Politik im 16. Jahrhundert. Studien zur Geschichte der Kurpfalz im Reformationszeitalter (1998) bes. 17–32 Von Ludwig V. zu Ottheinrich.

Register

Das Register erfaßt alle in der Rede über den Kraichgau genannten Namen von Personen, Ländern, Orten und Flüssen. Diese sind nach den deutschen Formen alphabetisch angeordnet, sofern nicht die lateinische Form die geläufigere ist; bei großer Abweichung sind die lateinischen Formen mit Verweis auf den Haupteintrag verzeichnet.

Die nachgewiesenen Formen und alle Varianten sind in Kursivschrift gesetzt. Die Zahlen beziehen sich auf die Seitenzählung im lateinischen Text; bei verdeckter oder umschriebener Nennung von Personen und Orten sind die Seitenzahlen in Klammern nachgewiesen.

Bibliographie

David Chytraeus

L' Europe des humanistes [XIV–XVII siécles] (1995) 117
Index Aureliensis 7 (1982) 517–559
VD 16 [4, 1985, 238–270] C 2504–2760
→ Kaufmann (1997) 621–640

L. Fromm, Art. David Chytraeus. In: Allgemeine Deutsche Biographie 4 (1876) 254–256
Georg Loesche, Art. David Chyträus. In: Realencyklopädie für protestantische Theologie und Kirche 4 (1898) 112–116, 23 (1913) 310
Die Religion in Geschichte und Gegenwart 1 (²1927) Sp. 1680 (Georg Loesche), 1 (³1957) Sp. 1823 (Georg Loesche/Heinz Liebing), 2 (⁴1999) [im Druck] (Thomas Kaufmann)
Lexikon für Theologie und Kirche 2 (1931) Sp. 961 (Nikolaus Paulus), 2 (²1958) Sp. 1200 (Joseph Staber), 2 (³1994) Sp. 1197 (Michael Becht)
Ernst Wolf, Art. David Chytraeus. In: Neue Deutsche Biographie 3 (1957) 254
Friedrich Wilhelm Bautz, Art. David Chytraeus. In: Biographisch-Bibliographisches Kirchenlexikon 1 (1975) Sp. 1021f
Peter F. Barton, Art. David Chyträus. In: Theologische Realenzyklopädie 8 (1981) 88–90
Hermann Wiegand, Art. David Chytraeus In: Killys LiteraturLexikon 2 (1989) 416f
Deutsche Biographische Enzyklopädie 2 (1995) 326

Otto Becher, Das Kraichgau und seine Bewohner zur Zeit der Reformation. Oratio von David Chyträus. Aus dem Lateinischen übersetzt und erläutert (1908)
Besprechungen: G. Bossert, Zeitschrift für die Geschichte des Oberrheins 62 NF 23 (1908) 177–179 → Klatt (1911) 194–196
Detloff Klatt, Chyträus als Geschichtslehrer und Geschichtschreiber (1911)

Peter F. Barton, Um Luthers Erbe. Studien und Texte zur Spätreformation: Tilemann Heshusius 1527–1559 (1972) bes. 121ff In Rostock

Walter Thüringer, David Chytraeus (1530–1600). Aus dem Leben eines dem Kraichgau verbundenen Theologen und Historikers. In: Kraichgau 6 (1979) 161–173

Nathan Chytraeus 1543–1598. Ein Humanist in Rostock und Bremen. Quellen und Studien (1991)

David und Nathan Chytraeus. Humanismus im konfessionellen Zeitalter ... hgg. von K.-H. Glaser, H. Lietz und St. Rhein (1993)

Ludwig Vögely, David Chytraeus (1530–1600). Theologe und Historiker. In: Kraichgauer Gestalten. 36 historische Persönlichkeiten aus Politik, Kirche, Wissenschaft und Kunst (1994) 42–46

Alexander Werner, Im Zeichen der neuen Lehre. Leben und Werk von David und Nathan Chytraeus. In: Aufbruch 45 (1995) 18f

Thomas Kaufmann, Universität und lutherische Konfessionalisierung. Die Rostocker Theologieprofessoren und ihr Beitrag zur theologischen Bildung und kirchlichen Gestaltung im Herzogtum Mecklenburg zwischen 1550 und 1675 (1997)

Zur Kraichgau-Rede

Der Faksimile-Druck erfolgte nach dem Exemplar der UB Heidelberg, Mays XXII, 3. David Chytraeus, De Creichgoia oratio, Wittenberg: Johannes Crato (1561) 54 S. ([A1]–D3[v]) ca. 9,5 x 15,5 cm; einfache Broschur, oben links Signatur und kleines Schildchen: Mays'sche Broschüren; in der Mitte handschriftlich „Chytraeus". Albert Mays (1818–1893) war Advokat für die Stadt Heidelberg und hat seine bedeutende Sammlung von Heidelbergensien 1886 der Universitätsbibliothek vermacht: Pfälzische Bibliographie. Verzeichniß der pfälzer Broschüren aus der Sammlung des Herrn Albert Mays ... (1886); s. A. Schlechter, Gelehrten- und Klosterbibliotheken in der Universitätsbibliothek Heidelberg (1990) 43–45 und 74.

VD 16: C 2579–2582 →Kaufmann (1997) 626
auch in: Marquard Freher, Origines Palatinae (1599) = VD 16: F 2534, s. Remigius-Antiquariat (Walter Remy), Kat. 1: Alte Drucke des 16. Jahr-

hunderts (1991) 78 Nr. 50 – Marquard Freher, De Lupoduno. Die erste Beschreibung des alten Ladenburg von 1618. Lateinisch-Deutsch. Übertragen und erläutert von H. Wiegand (1998)
Becher (1908)
Thüringer (1979) 168f – Ders., Melanchthons Brief an Peter von Menzingen. In: David und Nathan Chytraeus (1993), 57–62 (mit Anmerkungen 191–193) bes. 192 Anm. 30
Arnold Scheuerbrandt, Die Kraichgaurede des David Chytraeus aus dem Jahre 1558. In: David und Nathan Chytraeus (1993) 129–145 (mit Anmerkungen 218–224)
Klaus Graf, Der Kraichgau. Bemerkungen zur historischen Identität einer Region. In: Die Kraichgauer Ritterschaft in der frühen Neuzeit (1993) 9–46, bes. 39–41
Kat. Philipp Melanchthon in Südwestdeutschland (1997) 135f Nr. A 8 (A. Schlechter)

Zum Drucker Johannes Crato (†1578)

Jakob Franck, Art. Hans Krafft. In: Allgemeine Deutsche Biographie 17 (1883) 10f
Hans Lülfing, Art. Johann Krafft. In: Neue Deutsche Biographie 12 (1980) 648
Josef Benzing, Die Buchdrucker des 16. und 17. Jahrhunderts im deutschen Sprachgebiet. 2., verbesserte und ergänzte Auflage (1982) 501

Zum Übersetzer Otto Becher (1863–1930)

Dr. Otto Becher war nach jahrelangem geistlichem Dienst in verschiedenen nordamerikanischen Gemeinden um New York von 1903 bis zu seinem Tode 1930 wie vierhundert Jahre zuvor Matthäus Kochhaf, der Vater des David Chytraeus, Pfarrer in Menzingen.

Heinrich Neu, Pfarrerbuch der evangelischen Kirche Badens 2 (1939) 44

Günter Bienwald, Menzingen. Ein Gang durch 1200 Jahre Geschichte (1970) 76

Kraichgau

Kraichgau. Beiträge zur Landschafts- und Heimatforschung 1ff (1968ff)

Alfred Götz, Jahrbuch „Kraichgau". Kumuliertes Verfasser-, Titel- und Stichwortregister zu den Bänden 1–12. 1968–91 (1992)

Albert Krieger, Topographisches Wörterbuch des Großherzogtums Baden. Zweite durchgesehe und stark vermehrte Auflage 1 (1904), 2 (1905)

Leopold Feigenbutz, Der Kraichgau und seine Orte. Eine geschichtliche Abhandlung, verbunden mit der 2. Auflage Samuel Friedrich Sauters Alten Nachrichten von Flehingen (1878, Ndr. 1976)

Peter Fuchs, Palatinatus illustratus. Die historische Forschung an der Kurpfälzischen Akademie der Wissenschaften (1963) bes. 194–228 Die alten Gaue in der Pfalz

Wolfgang Martin, Umfang und Wesen des Kraichgaus im späten Mittelalter. In: Brettener Jahrbuch für Kultur und Geschichte 4 (1967) 125–134

Otto Bickel, Streifzug durch die Geschichte der Bevölkerung des Kraichgaues. In: Brettener Jahrbuch für Kultur und Geschichte 4 (1967) 29–69

Adam Schlitt, Zur Kraichgauforschung im Landkreis Sinsheim. Bilanz der Heimatforschung. In: Kraichgau 1 (1968) 9–27

Franz Gehrig, Der Kraichgau. Landschafts- und Grafschaftsbezeichnung im Mittelalter. In: Kraichgau 1 (1968) 67–83

Das Land Baden-Württemberg. Amtliche Beschreibung nach Kreisen und Gemeinden 1: Allgemeiner Teil (1974), 5: Regierungsbezirk Karlsruhe (1976)

Historischer Atlas von Baden-Württemberg. Hg. von der Kommission für geschichtliche Landeskunde in Baden-Württemberg in Verbindung mit dem Landesvermessungsamt Baden-Würrtemberg. Kartenteil (1972–1988)

Gerhard Weber, Der Kraichgau in alten Karten. In: Kraichgau 4 (1974/75) 16–34
Fritz Fezer, Topographischer Atlas Baden-Württemberg. Eine Landeskunde in 110 Karten (1979) bes. 116–125
Hansjörg Probst, Die Pfalz als historischer Begriff mit historischen Karten (1984)
Klaus Graf, Der Kraichgau. Bemerkungen zur historischen Identität einer Region. In: Die Kraichgauer Ritterschaft in der frühen Neuzeit (1993) 9–46
Roland Thomann, Schicksal einer Landschaft. Ein Lesebuch zur Geschichte des Kraichgaus und seiner Orte (1995, 2. ergänzte Aufl. 1999)
Heinz Musall, Alte Karten vom Kraichgau. In: Grenzraum Kraichgau (1996) 9–63
Grenzraum Kraichgau. Hgg. von B. Röcker und A. Scheuerbrandt (1996)

Kraichgauer Ritterschaft

Volker Press, Die Ritterschaft im Kraichgau zwischen Reich und Territorium 1500–1623. In: Zeitschrift für die Geschichte des Oberrheins 122 NF 83 (1974) 35–98
Bauer, Reich und Reformation. Hg. von P. Blickle (1982)
Turnierbuch aus der Kraichgauer Ritterschaft. Vollständige Wiedergabe der Handschrift Cod. Ross. 711 (1983)
Lotte Kurras, Kommentar zur Faksimileausgabe des Cod. Ross. 711 (1983)
Kurt Stuck, Personal der kurpfälzischen Zentralbehörden 1475–1685 unter besonderer Berücksichtigung der Kanzler (1986)
Ausstellung „Leben im Kraichgau". Begleitheft 4: Ritter im Kraichgau – zwischen Fürsten und Bauern. Hg. von St. Rhein (1990)
9–23 C. Rehm/ K. Krimm, Die Ritterschaft im Kraichgau
24–37 M. Halbritter, Der Bauernkrieg im Kraichgau
Zwischen Fürsten und Bauern – Reichsritterschaft im Kraichgau hgg. von C. Rehm und K. Krimm (1992)

Konrad Krimm/ Kurt Andermann (unter Mitarbeit von Clemens Rehm), Archive der Kraichgauer Ritterschaft (1993)
überarb. Fassung aus: Zwischen Fürsten und Bauern (1992) 150–171
Die Kraichgauer Ritterschaft in der frühen Neuzeit. Hg. von St. Rhein (1993)

Reformation im Kraichgau

Heinrich Neu, Pfarrerbuch der evangelischen Kirche Badens von der Reformation bis zur Gegenwart 1 (1938), 2 (1939)
Max-Adolf Cramer (bearb.), Baden-Württembergisches Pfarrerbuch I: Kraichgau-Odenwald 1 (1979), 2 (1988)
Dieter Freiherr Göler von Ravensburg, Geschichte der Reformation im Kraichgau. In: Kraichgau 5 (1977) 83–104
Bernd Röcker, Reichsritterschaft und Reformation – die Bedeutung der Herren von Gemmingen für die Ausbreitung der Reformation im Kraichgau. In: Kraichgau 8 (1983) 89–106
Kat. Martin Luther. Die Anfänge der evangelischen Bewegung in Kurpfalz (1983)
Meinrad Schaab, Geschichte der Kurpfalz 2 (1992)
Klaus Gaßner, So ist das creutz das recht panier. Die Anfänge der Reformation im Kraichgau (1994)
Reformation und Humanismus. Der Kraichgau im 16. und 17. Jahrhundert (1996/97)
Kat. Philipp Melanchthon in Südwestdeutschland. Bildungsstationen eines Reformators (1997)
Gerhard Kiesow, Von Rittern und Predigern. Die Herren von Gemmingen und die Reformation im Kraichgau (1997)

Nachweis der Abbildungen

S. X: David Chytraeus (1590), Holzschnitt. Aus einem Flugblatt; s. D. Klatt, Chyträus als Geschichtslehrer und Geschichtsschreiber (1911) 189–193 Beilage X: Mitteilungen über das Bildnis des Chytraeus

S. 59: Nach der Traditon soll dieses verschollene Ölgemälde (wahrscheinlich 1. Hälfte des 17. Jhdt.s) Peter von Mentzingen darstellen; Abb. Becher (1908) nach 96. Vgl. dazu W. Thüringer, Peter von Mentzingen und die Brüder David und Nathan Chytraeus. In: David und Nathan Chytraeus (1993) 51 Abb. 10

S. 60: Lucas Cranach d. Jg., Philipp Melanchthon (um 1560), Holzschnitt

S. 95: Sebastian Münster, Umgebung Heidelbergs (1528). Auf die ptolemäische *Tafel des Rheinstroms*, die er auch in seine Cosmographia aufnahm, weist Münster Beigabe II: Von der Fruchtbarkeit der Pfalz hin; s. Musall (1996) 13ff

Inhalt

Weitere Bücher zur Geschichte des Kraichgaus im
verlag regionalkultur

ROLAND THOMANN

Schicksal einer Landschaft

Ein Lesebuch zur Geschichte des Kraichgaus und seiner Orte

Dieses stimmungsvolle Lesebuch über den Kraichgau schildert einfühlsam die Landschaft und ihre wechselvolle Geschichte. Liebevoll zeichnet der Autor die kleinen und großen Begebenheiten und die welthistorischen Erschütterungen nach, die in dieser reichen und zugleich stillen Landschaft ihren Widerhall fanden.

Zweite Auflage. 360 S. mit 240, teilweise farbigen Abbildungen; fester Einband. ISBN 3-929366-21-5. DM 44,-

LUDWIG VÖGELY

Kraichgauer Gestalten

36 historische Persönlichkeiten aus Politik, Kirche, Wissenschaft und Kunst

Der reich bebilderte Band stellt namhafte Persönlichkeiten aus Wissenschaft, Kunst, Politik und Kirche vor, die der Kraichgau in den letzten fünf Jahrhunderten hervorgebracht hat. In 36 Portraits beschreibt der Autor ihren Lebenslauf und ihr Wirken vor dem Hintergrund der Zeitverhältnisse, unter denen sie lebten.

152 S. mit 45 Abbildungen; fester Einband. ISBN 3-929366-07-X. DM 28,-

HARTMUT RIEHL

Burgen und Schlösser im Kraichgau

Der Kraichgau – das unbekannte Land der Schlösser und Burgen! Hartmut Riehl hat reichhaltiges Bildmaterial durch fundierte Informationen zu Geschichte und Baustil der einzelnen Gebäude ergänzt; diese Kombination vermittelt vielfältige Impressionen der traditionsreichen Adelssitze, die nur einen Wunsch offenlassen: die Burgen und Schlösser bei nächster Gelegenheit selbst zu besichtigen.

120 S. mit etwa 160, meist farbigen Abbildungen. Attraktives quadratisches Format mit festem Einband.
ISBN 3-929366-51-7. DM 36,-

STEFAN RHEIN / GERHARD SCHWINGE (Hg.)

Das Melanchthonhaus Bretten

Ein Beispiel des Reformationsgedenkens der Jahrhundertwende

Das Melanchthonhaus dient seit seiner Errichtung dem Gedenken an den bedeutendsten Sohn der Stadt. Der reich bebilderte Band schildert in zwölf Beiträgen die Entstehungsgeschichte des Bauwerks, seine kunsthistorische sowie stadtgeschichtliche Bedeutung und beleuchtet den Kontext des Reformationsgedenkens in Deutschland um 1900.

Hrsg. von der Melanchthonstadt Bretten. 268 S. mit 60, teilweise farbigen Abbildungen; fester Einband. ISBN 3-929366-63-0. DM 38,-

GERHARD KIESOW

Von Rittern und Predigern

Die Herren von Gemmingen und die Reformation im Kraichgau

Schon früh führten viele der Kraichgau-Ritter auf ihren Besitzungen die Reformation ein. Am Beispiel der Herren von Gemmingen wird die zentrale Rolle des niederen Adels in dieser politischen, sozialen und religiösen Umbruchszeit untersucht. Die Entscheidung für Luther wurde demnach maßgeblich von religiösen Motiven bestimmt.

96 S. mit 26 Abbildungen; fester Einband. ISBN 3-929-366-57-6. DM 24,-